CANADA IN THE WORLD

SUMMARY

The world is changing rapidly. Influence depends increasingly on the strength of economic relations, while security issues, some of a new order, continue to challenge us. The measure of our success in this world will be our ability as a society to effectively focus our international efforts in a spirit of shared enterprise.

- Canada occupies a position of leadership among the open, advanced societies which are becoming increasingly influential as world power is dispersing and becoming more defined in economic terms.

- Canada's geographic location gives it an important advantage as new poles of political and economic power emerge in the Pacific and Latin America.

- Canada's cultural heritage gives it privileged access to the anglophone and francophone worlds as well as to the homelands of Canadians drawn from every part of the globe who make up its multicultural personality.

- Canada can further its global interests better than any other country through its active membership in key international groupings, for example, hosting the G-7 Summit this year and the APEC Summit in 1997.

- Canada's history as a non-colonizing power, champion of constructive multilateralism and effective international mediator, underpins an important and distinctive role among nations as they seek to build a new and better order.

Canada, thus, is in a privileged position to influence change and to benefit from opportunities as we move toward the end of the twentieth century. The Government will exercise that influence responsibly to protect and promote Canada's values and interests in the world.

Based on wide consultations, it is clear that Canadians want to remain actively involved in the world, although they recognize the financial constraints we face. In response to Canadians' aspirations and to meet the challenges of an evolving world, the Government will pursue foreign policy to achieve three key objectives:

- The promotion of prosperity and employment;

- The protection of our security, within a stable global framework; and

- The projection of Canadian values and culture.

These objectives are interrelated and mutually reinforcing. They will guide decisions on priorities and on the allocation of resources.

- The promotion of prosperity and employment is at the heart of the Government's agenda. International markets present tremendous opportunities for Canadians: we can compete with the best in the world. In order to assist Canadians to do so, the Government will work to build a supportive domestic economic policy framework; to gain access for our goods and services abroad; to reinforce an open, fair and predictable set of rules governing international trade and investment; and to provide means to ensure that Canadian firms are able to take advantage of opportunities abroad.

  The Government will also work to reinforce global prosperity. When other parts of the world prosper, we benefit in many ways. Prosperity helps to anchor international stability and enables progress towards sustainable development. More prosperous people are able to maintain more mature and mutually beneficial economic partnerships with Canada, becoming increasingly open to our values and thus more active partners in building the international system.

- The promotion of global peace as the key to protecting our security remains a central element of our foreign policy. Stability and security are prerequisites for economic growth and development. However, the threats to security now are more complex than before. A whole range of issues that transcend borders - including mass migration, crime, disease, environmental degradation, overpopulation, and underdevelopment - have peace and security implications at the regional or global level.

  Our own security, including our economic security, is increasingly dependent on the security of others. More than ever, the forces of globalization, technological development, and the scale of human activity, reinforce our fundamental interdependence with the rest of the world. We need to address security issues in an integrated fashion and to draw on all available foreign policy instruments.

- The projection of Canadian values and culture is important to our success in the world. The Government agrees with the Special Joint Parliamentary Committee Reviewing Canadian Foreign Policy that: "Canadian foreign policy should celebrate and promote Canadian culture and learning as an important way of advancing our interests in international affairs."

  Successful promotion of our values - respect for human rights, democracy, the rule of law, and the environment - will make an important contribution to international security in the face of new threats to stability. Acceptance of such values abroad will help

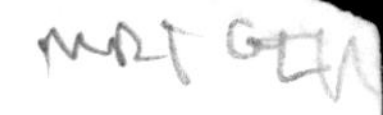

LE CANADA DANS LE MONDE :

Résumé

Le monde évolue rapidement. L'influence des nations repose de plus en plus sur la solidité des relations économiques, tandis que les questions de sécurité, dont certaines émanent d'un ordre nouveau, nous posent toujours des défis. Notre succès dans ce monde se mesurera à notre capacité, en tant que société, de concentrer efficacement nos efforts internationaux dans un esprit d'entreprise commune.

- le Canada occupe une position de leader parmi les sociétés ouvertes, avancées, qui ont de plus en plus d'influence dans le monde alors que le pouvoir mondial se disperse et se définit de plus en plus en termes économiques;
- la position géographique du Canada lui donne un avantage important alors que de nouveaux pôles de pouvoir économique et politique émergent dans la région du Pacifique et en Amérique latine;
- l'héritage culturel du Canada lui donne un accès privilégié aux mondes anglophone et francophone, de même qu'aux patries d'origine de Canadiens originaires du monde entier qui lui confèrent sa personnalité multiculturelle;
- Le Canada peut faire avancer ses intérêts globaux par son rôle actif au sein de tous les regroupements internationaux clés, par exemple en étant l'hôte du G-7 cette année et du sommet de l'APEC en 1997;
- L'histoire du Canada comme puissance non coloniale, champion du multilatéralisme constructif et médiateur international efficace, étaye un rôle important et distinctif parmi les nations qui essayent de bâtir un ordre nouveau et meilleur.

Le Canada est ainsi dans une position privilégiée pour influencer le changement et bénéficier d'ouvertures alors que nous approchons de la fin du XXème siècle. Le gouvernement usera de cette influence de façon responsable afin de protéger et promouvoir les valeurs et les intérêts du Canada dans le monde.

Les nombreuses consultations menées auprès des Canadiens montrent clairement qu'ils veulent maintenir leur participation active aux affaires mondiales, tout en reconnaissant nos contraintes financières. Pour répondre aux aspirations des Canadiens et pour relever les défis posés par un monde en évolution, le gouvernement mènera une politique étrangère visant la réalisation de trois objectifs clés :

- la promotion de la prospérité et de l'emploi;

- la protection de notre sécurité dans un cadre mondial stable; et

- la projection des valeurs et de la culture canadiennes.

Ces objectifs interdépendants et complémentaires guideront nos décisions sur les priorités et sur l'allocation des ressources.

- La promotion de la prospérité et de l'emploi est au coeur du programme d'action du gouvernement. Les marchés étrangers offrent d'énormes possibilités aux Canadiens : nous pouvons affronter résolument nos plus sérieux concurrents à l'échelle internationale. Pour aider les Canadiens à cet égard, le gouvernement s'efforcera d'édifier un cadre de politique économique nationale complémentaire, d'obtenir un meilleur accès aux marchés étrangers pour nos biens et nos services, de renforcer l'ensemble de règles transparentes, équitables et prévisibles qui régissent le commerce et l'investissement internationaux, et de donner les moyens de garantir que les firmes canadiennes peuvent tirer avantage des débouchés à l'étranger.

  Le gouvernement s'efforcera aussi de promouvoir la prospérité mondiale. La prospérité des autres est, à bien des égards, à notre avantage. Elle contribue au renforcement de la stabilité internationale et permet de progresser sur la voie du développement durable. Des pays plus prospères pourront s'engager dans des partenariats économiques plus matures et mutuellement avantageux avec le Canada, s'ouvrir davantage à nos valeurs et participer ainsi plus activement à l'édification du système international

- La promotion de la paix dans le monde comme clé de la protection de notre sécurité demeure un élément central de notre politique étrangère. La stabilité et la sécurité sont des conditions préalables à la croissance et au développement économiques. Mais les menaces à la sécurité sont maintenant plus complexes qu'auparavant. Plusieurs questions qui transcendent les frontières — migrations massives, criminalité, maladies, détérioration de l'environnement, surpopulation et sous-développement — ont maintenant des incidences sur la paix et la sécurité au niveau régional ou mondial.

  Notre propre sécurité, y compris notre sécurité économique, est de plus en plus tributaire de la sécurité des autres. Les forces de la mondialisation, le développement technologique et l'ampleur de l'activité humaine accentuent plus que jamais notre interdépendance à l'égard du reste du monde. Il nous faut traiter les questions de sécurité d'une façon intégrée et utiliser tous les instruments de politique étrangère à notre disposition.

- La projection des valeurs et de la culture canadiennes est importante pour notre succès dans le monde. Le gouvernement convient avec le Comité parlementaire mixte spécial chargé de l'examen de la politique étrangère du Canada que « la politique étrangère du Canada doit célébrer et promouvoir la culture et le savoir canadiens comme moyen privilégié de favoriser nos intérêts dans les affaires internationales ».

  La promotion efficace de nos valeurs — le respect des droits de la personne, la démocratie, la règle de droit et l'environnement — contribuera grandement à la sécurité internationale devant les nouvelles menaces posées à la stabilité. L'acceptation de ces valeurs à l'étranger contribuera à sauvegarder la qualité de vie au pays : le Canada ne pourrait s'isoler d'une communauté internationale faisant peu de cas des valeurs qui fondent notre identité.

  La vitalité de notre culture est aussi essentielle à notre succès économique. Dans une économie mondiale davantage axée sur le savoir, la compétence des personnes, leur éducation, leur ingéniosité et leur capacité de s'adapter à différents environnements sociaux deviendront des éléments clés de notre positionnement sur la scène internationale. Notre système d'éducation, notre diversité culturelle et la croissance continue et dynamique de nos exportations de produits et de services culturels contribueront grandement à notre réussite au plan international.

Le gouvernement entend poursuivre ces objectifs clés dans le cadre de politique mis de l'avant dans le présent énoncé. Tous les instruments du gouvernement, y compris les programmes de commerce international, de diplomatie et d'aide internationale, seront ciblés sur ces objectifs.

Plus que jamais, il importe que les Canadiens participent largement au processus d'établissement de la politique étrangère. Le gouvernement veillera à dialoguer systématiquement avec les Canadiens sur tous les aspects de politique étrangère en organisant chaque année un forum sur la politique étrangère. Il s'inspirera de la série de consultations en cours pour créer un processus de consultation permanente et ouverte avec des groupes et personnes intéressés par les grandes questions internationales. Il établira aussi un mécanisme au sein du ministère des Affaires étrangères et du Commerce international (MAECI) pour la consultation, la recherche et l'information sur la politique étrangère et fera plus souvent appel au Parlement pour la préparation et la formulation des politiques.

Le gouvernement est résolu à faire en sorte que le Canada continue à faire sa juste part pour ce monde et maintienne sa contribution fière et distincte à la gestion de la planète et à la prospérité internationale.

PRÉFACE

Une politique étrangère par les Canadiens

L'élaboration de la politique étrangère : un processus nouveau et élargi

Pour assurer la réussite de notre société dans le monde changeant d'aujourd'hui, nous devons tous unir nos efforts. L'avenir de chacun de nous en dépend. C'est pour cette raison que le gouvernement a pris l'engagement d'ouvrir le processus d'élaboration de la politique étrangère.

Cet engagement, nous l'avons tenu de diverses façons.

D'abord, nous avons renforcé le rôle du Parlement.

- Au cours de la dernière année, le gouvernement a lancé plusieurs débats parlementaires spéciaux portant sur des questions d'intérêt capital, comme le maintien de la paix en Bosnie et les essais de missiles de croisière au Canada.
- Le gouvernement a aussi chargé un Comité parlementaire mixte spécial de demander l'avis des Canadiens et de faire rapport sur les principes et les priorités qui devraient régir notre politique étrangère. Le Comité a tenu plus de 70 séances; il a reçu plus de 550 mémoires et a entendu plus de 500 témoins; enfin, il a commandé plusieurs études d'experts. Le Comité a déposé son rapport complet en novembre, l'accompagnant de documents de fond qui nous seront précieux.
- Le gouvernement félicite les sénateurs et les députés membres du Comité. Ils se sont acquittés de leur tâche avec ouverture d'esprit, diligence et intégrité. Le gouvernement veut aussi remercier les nombreux particuliers et groupes qui ont rencontré le Comité ou lui ont présenté des mémoires, et tous ceux qui ont relevé le défi que présentait l'examen de notre politique étrangère.
- Dans cet examen, le gouvernement a également tenu compte des recommandations du Comité parlementaire mixte spécial chargé d'étudier la politique de défense du Canada.

Les Canadiens et les Canadiennes ont présenté spontanément des idées et des propositions sur la politique étrangère tout au long de 1994; plusieurs d'entre eux ont contribué de façon remarquable au processus. D'autre part, le gouvernement a consulté et continue de consulter en personne des Canadiens venus de tous les horizons et de toutes les régions afin de connaître leur point de vue sur diverses questions, en particulier l'aide à l'étranger, le commerce, les droits de la personne, l'ordre du jour international sur l'environnement, et la non-prolifération nucléaire. Les ministres des Affaires étrangères et du Commerce international ont chacun rencontré ces derniers mois des groupes de Canadiens expressément à ces fins.

De concert avec le ministre de la Défense nationale, ils ont parrainé en mars 1994 un forum national sur les relations internationales du Canada, dans le cadre duquel plus de 100 personnes, venues des quatre coins du pays et représentant un vaste éventail d'expériences, ont donné leur avis quant aux grands fondements de notre politique étrangère.

Enfin, le gouvernement a pu tirer parti des résultats d'une revue des programmes et services mis en oeuvre par le Canada pour promouvoir le commerce extérieur. Effectuée sous la direction de M. L.R. Wilson, celle-ci visait à faire en sorte que ces programmes offerts par le gouvernement correspondent bien aux besoins des entreprises canadiennes et soient exécutés avec efficience et efficacité. Le gouvernement tient à exprimer sa gratitude à M. Wilson et à tous ses collaborateurs du secteur privé au sein du comité pour le temps et l'énergie qu'ils ont consacrés à l'opération.

Les rapports entre les sociétés s'effectuent à divers niveaux et s'articulent de multiples façons. Les milieux d'affaires sont le moteur de notre économie et de l'économie mondiale. Les organisations non gouvernementales (ONG) s'activent, au niveau tant local qu'international, à soutenir le développement humain, à orienter la gestion de notre environnement commun et à relever d'autres défis, dans la poursuite d'une vision globale. Les centres de savoir et de technologie collaborent par-delà les frontières pour enrichir leurs propres sociétés de même que la communauté internationale. Les gens, dans leurs décisions de tous les jours, contribuent à façonner l'environnement mondial, et ils en ressentent les effets sur leur vie.

Les Canadiens et les Canadiennes sont à la fois concernés et affectés par les questions de l'heure. Voilà pourquoi ils devraient participer à l'établissement des politiques de leur pays. Le présent énoncé ne met aucunement le point final au processus ouvert d'élaboration de la politique étrangère. Il établit simplement le cadre de l'action internationale du Canada et expose les grands objectifs que le gouvernement entend poursuivre dans le monde. Le gouvernement s'est engagé à consulter les Canadiens et les Canadiennes en permanence. Le rôle du Parlement sera capital à cet égard.

I. INTRODUCTION

Un monde en évolution : Le cadre mouvant de la politique étrangère

Le système dangereux mais prévisible de l'après-guerre n'est plus

- La communauté internationale doit de plus en plus naviguer en eaux inconnues. Le triomphe pacifique de la démocratie a fait éclater le bloc soviétique, mettant fin par la même occasion au monde bipolaire. Bon nombre des vieilles certitudes qui avaient guidé la politique étrangère tout au long de la guerre froide ont été balayées. Mais aujourd'hui, plus de cinq ans après la chute du mur de Berlin, l'ordre nouveau qu'on nous promettait commence à peine à se mettre en place. Il faudra peut-être attendre des décennies avant d'en connaître la forme définitive, quoique celle-ci nous apparaisse déjà dans ses grandes lignes, de nouveaux centres d'influence étant venus, en Europe, en Asie et dans les Amériques, remplacer l'ancien ordre entièrement axé sur les superpuissances. Nous sommes donc à une époque de grande incertitude, mais aussi de grandes possibilités.

L'autorité se disperse

- L'État, principal acteur de la scène internationale, voit certaines de ses fonctions et prérogatives passer à des intervenants infra-régionaux ou supranationaux, à des ONG ou à des sociétés multinationales. Dans quelques États particulièrement vulnérables, les forces armées et même les organisations criminelles ont pris une influence excessive.

Le pouvoir, cependant, passe aussi aux mains des électeurs, sa place légitime

- L'Afrique du Sud en offre un excellent exemple. Son message d'espoir suscitera peut-être un regain de développement dans la région. En Amérique latine et en Asie, la création de richesses et l'essor des classes moyennes permettent également à la démocratie de prendre racine. La tendance devrait se maintenir, surtout dans les régions comme l'Asie du Sud-Est où le pouvoir de décision économique est aux mains d'intervenants toujours plus nombreux. Pour ce qui est de l'Amérique latine, l'évolution des 15 dernières années a fait de la démocratie, du respect des droits de la personne et de l'économie de marché la norme vers laquelle tendent les efforts de toute la région. La croissance économique est donc en voie de s'ancrer partout sur le continent. Mais, établis de fraîche date, les régimes démocratiques et la libéralisation des marchés sont encore fragiles dans certains pays, et la partie ne doit pas être considérée comme gagnée. Nous avons déjà vu ces dix dernières années des assauts portés contre des démocraties naissantes — la Russie, par exemple — et même des retours à l'ancien régime, comme au Nigéria.

La réussite se mesure aujourd'hui davantage à la prospérité économique qu'à la puissance militaire

- Si l'ancien bloc soviétique s'est effondré, ce n'est pas seulement parce que l'Union soviétique ne pouvait concurrencer l'Ouest sur le plan militaire, mais aussi parce que son système économique ne lui permettait pas d'assurer à sa population un niveau de vie acceptable. Dans le monde en développement, les nouvelles puissances sont généralement celles qui tirent leur influence d'une réussite économique exceptionnelle.

  Certes, la puissance et les capacités militaires continueront de jouer un rôle important dans le monde de demain, mais le système international reposera de plus en plus sur les relations économiques et commerciales entre pays et entre régions. De plus, dans les sociétés de l'avenir fondées sur le savoir, l'ingéniosité technologique prendra la place d'autres sources d'influence, plus traditionnelles.

La pauvreté, les inégalités et la privation de droits individuels restent le lot d'un trop grand nombre, ce qui suscite de nouvelles tensions

- La richesse mondiale collective a beaucoup augmenté. Certains pays en développement, autrefois parmi les plus pauvres, ont aujourd'hui des économies dynamiques et sont d'importants partenaires commerciaux du Canada. D'autres pays, en revanche, et bien des personnes au sein de sociétés prospères, ont été laissés pour compte. Au cours des 30 dernières années, le PIB par habitant a quintuplé en Asie de l'Est, et il est passé du simple au double en Asie du Sud; par contre, il est resté stagnant en Afrique subsaharienne, et il a même régressé dans certains pays. Plus d'un milliard de personnes dans le monde vivent encore dans la misère la plus abjecte. Si nous ne faisons rien pour y remédier, les disparités économiques entre les pays, et entre les divers éléments d'une même société, resteront une source majeure de crises aussi bien politiques qu'humanitaires ou menaçant la sécurité. Dans certains pays, les problèmes économiques sont encore compliqués par les atteintes aux droits de la personne et la dégradation de l'environnement. Le développement durable demeure un objectif inatteignable.

Des divisions ethniques et religieuses se sont aussi fait jour, et les armes se répandent dans le monde

- Ces divisions sont, dans certains cas, le reflet de tensions qui n'avaient que temporairement disparu du fait des régimes totalitaires ou des pressions de la guerre froide; ailleurs, elles expriment la résistance aux nouvelles tendances mondiales, perçues comme une intrusion. Ainsi se dessine la possibilité d'une « violence nouvelle », à la fois plus complexe et plus changeante, et devant laquelle nos institutions internationales restent désemparées. En conséquence, les conflits seront plus difficiles à régler que par le passé. Le conflit dans l'ancienne Yougoslavie n'est qu'un exemple des vastes problèmes qui nous attendent.

  Le terrorisme international continue de sévir. Dans quelques pays, la fragmentation du pouvoir a conduit à l'anarchie, alors qu'ailleurs l'autorité du gouvernement est de plus en plus contestée.

  La disparition des rivalités de la guerre froide a eu pour effet de réduire les risques de guerre nucléaire mondiale. Mais la présence, largement incontrôlée, de matières fissiles à usage militaire dans l'ancien bloc soviétique, d'une part, et une plus vaste diffusion de la technologie des armements, d'autre part, font craindre des menaces déstabilisantes de la part de forces nouvelles libérées par les conflits locaux et la criminalité internationale.

La sécurité, c'est être à l'abri de dangers de toutes sortes

- Le nouveau contexte international comporte en outre des menaces « non traditionnelles », qui transcendent les frontières politiques et qui frappent des régions entières, voire l'ensemble de la planète. La criminalité internationale et les maladies, le réchauffement du globe et les migrations forcées et massives sont autant d'exemples des aspects plus négatifs de l'intégration mondiale accrue.

- Nous avons désormais conscience des dangers que présentent, pour nous comme pour les générations futures, des questions telles que la dégradation de l'environnement, l'injustice sociale, l'absence de possibilités économiques et la surpopulation. Le concept de sécurité se concentre de plus en plus sur les besoins économiques, sociaux et politiques de l'individu. En nous attaquant à ces questions, il nous faudra déterminer clairement dans chaque cas, à la fois quelles sont les sources de chaque menace et problème et quelle combinaison de moyens nous devrons mettre en oeuvre pour le régler : coopération au développement, libéralisation du commerce ou, au besoin, diplomatie préventive et rétablissement de la paix.

La globalisation a de grandes répercussions économiques

- Toutes les société doivent trouver des moyens de parer aux pression exercées par la mondialisation de l'économie — phénomène résultant de la possibilité croissante pour les industries de répartir leur production dans le monde, pour les marchés financiers d'influer sur la valeur des devises au mépris de toute considération géopolitique, et par la seule pression d'un bouton de faire traverser tous les jours les frontières à un énorme volume de capital d'investissement. Les marchés de capitaux internationaux ont le pouvoir d'affecter la capacité indépendante des gouvernements de guider l'économie. Du fait de la mondialisation, les économies se montrent moins sensibles qu'elles ne l'étaient au contrôle politique. Les sociétés comptent sur leurs gouvernements pour mettre en place des économies qui réussissent dans le système mondial tout en étant créatrices de prospérité intérieure.

La globalisation affecte aussi la culture

- La globalisation a aussi un effet important sur la culture. Transportée sur l'autoroute de l'information et liée par un nombre croissant de liens transfrontaliers parmi les groupes et les individus, la culture doit maintenant assumer un caractère global. Cela a donné un plus grand éventail pour des cultures vibrantes de s'épanouir au-delà des frontières : cela a soulevé des inquiétudes, cependant, sur l'uniformisation mondiale au détriment des identités et expressions locales distinctes. Les États cherchent l'équilibre approprié entre l'ouverture à la culture internationale et l'appui à leurs propres cultures afin de protéger et stimuler les diversités et identités locales.

Ce cadre en évolution modifie la nature de la souveraineté d'État

- Grâce aux innovations technologiques, à l'adoption de politiques économiques orientées vers l'étranger, et aux autres changements décrits ci-dessus, les frontières sont devenues plus perméables aux flux des idées, personnes et capitaux. Cela a diminué la capacité des États d'agir indépendamment, puisqu'ils ne peuvent plus s'isoler du monde sans d'inacceptables conséquences au plan intérieur. Pourtant, et surtout pour des pays de petite ou moyenne dimension, la souveraineté a aussi été renforcée puisque le nombre grandissant de règles internationales sur la sécurité, le commerce et autres questions protègent davantage les États de l'arbitraire et de l'action unilatérale des autres acteurs internationaux.

Les États diffèrent dans leur approche internationale

- Dans certaines parties du monde, les États doivent se battre pour maintenir ou rétablir la légitimité et l'ordre public. En Asie, par contre, les « dragons », forts de leur nouvelle puissance, projettent leurs intérêts plus que jamais auparavant.

  La situation est différente dans les pays industrialisés de l'Ouest. Le consensus politique qui soutenait l'État providence et l'internationalisme commence à s'éroder face aux difficultés financières et aux pressions exercées par la mondialisation. Le maintien de l'emploi constitue aujourd'hui le défi social le plus important.

  Par ailleurs, la marge de manoeuvre des gouvernements dans les pays développés se trouve limitée par le fardeau de la dette publique. Pour l'avenir prévisible, l'élaboration des politiques tant étrangères qu'intérieures sera, dans tous ces pays, marquée par la nécessité de faire mieux, et de façon plus novatrice et plus ciblée, avec moins. Des choix, souvent difficiles et douloureux, s'imposeront.

  Dans le monde nouveau de demain, seuls pourront exercer une influence notable et jouer un rôle effectif les États qui auront clairement défini leurs objectifs, et qui pourront compter sur un ferme consensus national.

Le mode d'établissement de la politique étrangère changera dans le nouveau contexte

Les politiques économiques intérieure et étrangère seront de plus en plus interdépendantes et complémentaires

- Comme l'a indiqué le Comité mixte spécial, « la politique intérieure est politique étrangère ... la politique étrangère est politique intérieure ». Ainsi, les règles commerciales internationales conditionnent désormais des politiques générales intérieures, comme celles régissant le travail et l'environnement, qui étaient autrefois considérées comme l'apanage exclusif de l'État. L'exécution des obligations internationales touchant l'environnement, par exemple, risque d'être lourde de conséquences pour les producteurs comme pour les consommateurs, et ses effets pourraient se faire sentir au niveau des gouvernements tant fédéral que provinciaux. D'autre part, dans un monde où la prospérité dépendra de plus en plus de l'expansion du commerce, la politique étrangère sera influencée chaque jour davantage par les pressions intérieures visant l'instauration d'un climat international plus propice au commerce, et donc plus ouvert et plus équitable.

Les États accroîtront encore leur coopération

- Face à ces changements, les États ont notamment resserré la coopération à leur avantage mutuel. Les États se montrent de plus en plus disposés à conclure des accords internationaux par lesquels ils abandonnent volontairement des éléments de leur souveraineté économique. S'ils procèdent ainsi, par exemple dans le cadre d'accords commerciaux régionaux, c'est pour garantir à leurs sociétés des avantages qu'ils ne pourraient leur procurer en agissant seuls. Les pays avancés et tributaires du commerce tels le Canada encouragent la mise en place d'une réglementation internationale pour régir le comportement collectif des États parce qu'ils estiment que des règles contraignantes constituent à la fois la meilleure garantie d'une plus large coopération et la meilleure protection contre l'unilatéralisme.

L'intégration économique s'en trouvera élargie

- De plus en plus nombreux tant au niveau régional qu'à l'échelle mondiale, les régimes de réglementation favorisent une intégration plus poussée. En stimulant l'activité économique du secteur privé, ils accélèrent l'accroissement des flux d'échanges et d'investissements transfrontières. Cependant, l'expansion des organisations régionales s'accompagne de la possibilité d'enfermement sur soi et du risque de voir le monde découpé en plusieurs blocs économiques concurrents. Les institutions économiques et commerciales multilatérales, tout comme les relations entre régions, doivent évoluer de manière à nous garder d'un tel danger et à se renforcer réciproquement.

Les rôles changent dans le monde

- De même que le système international évolue, les rôles traditionnellement joués par les principaux acteurs évoluent à leur tour. Les États-Unis restent aujourd'hui la seule superpuissance économique et militaire sur la scène mondiale. Leur adaptation à ce nouveau rôle n'est pas encore achevée. De son côté, l'Union européenne est de plus en plus présente sur l'échiquier politique, tout en poussant son intégration économique. Le partenariat transatlantique continue de mener le jeu pour ce qui est de l'établissement des règles du système international naissant, mais son poids relatif est de plus en plus partagé avec d'autres régions.

  Le pouvoir économique se déplace de plus en plus vers les pays d'Asie, aujourd'hui menés par le Japon, et l'influence politique ne tardera pas à suivre. En particulier, la Chine continuera de croître, pour devenir une puissance non seulement régionale, mais mondiale à tous égards. Le mécanisme de Coopération économique Asie-

Pacifique (APEC) prend chaque jour plus d'importance en tant que forum pour la coopération entre les pays du Pacifique. L'Amérique latine et l'Europe centrale et orientale offrent de leur côté de nouveaux pôles d'attraction, à mesure que se modernisent leurs économies et leurs cultures politiques. L'éventuelle émergence de la Russie à titre de partenaire important du système mondial doit aussi être prise en compte.

Les relations internationales, bilatérales comme multilatérales, doivent aussi changer

- Dans un monde où le pouvoir économique et politique change constamment de mains, les pays ne pourront pas s'en tenir rigidement aux seules relations traditionnelles avec leurs partenaires de toujours. Sur le plan bilatéral, les bonnes relations avec les vieux amis resteront certes très importantes, mais, de plus en plus, les partenariats se formeront en vue de l'atteinte d'objectifs particuliers ou par souci de diversité dans la poursuite de nouvelles perspectives à long terme. Les alliances variables deviendront de plus en plus la norme au niveau des relations internationales.

  D'autre part, les pays réévaluent l'idée qu'ils se faisaient du multilatéralisme, se montrant bien plus durs aujourd'hui qu'autrefois. Nombreux sont ceux qui, comme le Canada, restent fidèles au système et voudraient le renforcer. Nul ne saurait toutefois tenir pour acquis que telles ou telles institutions répondront efficacement aux problèmes qui se posent à la communauté internationale, à moins que la volonté politique de leurs membres ne soit entièrement engagée. De plus, dans le climat d'austérité financière mondiale qui est le nôtre, les institutions pourront difficilement résister au désir de démontrer combien leurs activités sont précieuses pour leurs États membres. Certaines de ces institutions, notamment les Nations Unies (ONU), doivent procéder à des réformes pour s'adapter aux nouvelles réalités. D'autres, comme l'Organisation mondiale du commerce (OMC), sont déjà orientées dans de nouvelles directions dynamiques.

Le nouveau régionalisme est porteur de promesses et de défis à la fois

- L'essor des organisations régionales fournit aux pays de nouvelles tribunes pour la poursuite de leurs objectifs de politique étrangère. Si le Canada a toujours insisté sur le multilatéralisme, c'est parce qu'il y voyait notamment un moyen de restreindre le champ d'action unilatérale des grandes puissances. Dans ses formes nouvelles, le multilatéralisme reste à nos yeux une priorité, quoique nous puissions aujourd'hui compter sur nos liens étroits et nos partenariats avec plusieurs régions pour favoriser la réalisation de nos objectifs.

Chaque grand groupe régional a des caractéristiques qui lui sont propres : l'UE s'attache surtout à renforcer la coopération en matière de politique et de sécurité, tout en poursuivant son processus d'intégration économique; les pays de la région Asie-Pacifique commencent à peine à discuter de sécurité collective, mais ils progressent à grands pas vers une plus large coopération économique dans le cadre de l'APEC ; et la zone visée par l'Accord de libre-échange nord-américain (ALENA) reste une simple zone de commerce sans projets d'intégration politique; toutefois le Canada, qui collabore déjà de façon fructueuse avec les États-Unis sur toute une gamme de questions internationales, a l'intention de resserrer dans l'avenir sa collaboration avec le Mexique sur de nombreuses questions. L'Organisation des États américains (OEA) ouvre par ailleurs de multiples horizons dans divers domaines, et nous ne manquerons pas de les exploiter le plus possible. Il a été démontré récemment que la coopération régionale en Afrique, dans le cadre de l'Organisation de l'unité africaine (OUA) et autrement, est aussi possible. Voilà qui est fort positif et important.

Nous avons de l'influence et des alliés dans toutes ces régions. Le défi consistera à utiliser nos atouts et à déployer notre engagement multilatéral de façon prudente et efficace à mesure que les systèmes régionaux eux-mêmes évolueront.

D'autres groupes reflétant une communauté d'intérêts auront aussi de l'influence

- Des groupements tels que le Commonwealth et la Francophonie, dont le Canada est membre, apporteront un complément important aux ententes régionales. Ils offrent de précieux forums à des pays dont les intérêts nationaux diffèrent mais qui partagent les mêmes valeurs et les mêmes objectifs face aux défis mondiaux.

  Spécialement vital à cet égard est le rôle joué par le Groupe des Sept (G-7), qui réunit les principales démocraties industrialisées (Allemagne, Canada, États-Unis, France, Italie, Japon et Grande-Bretagne). Le Sommet d'Halifax, que le Canada préside, nous offrira une excellente occasion d'user de leadership mondial pour régler des questions inscrites à l'ordre du jour international.

Des valeurs communes pour une démarche cohérente

- De toute évidence, il nous faut trouver de nouvelles approches pour la gestion des relations internationales. Mais, à moins de s'appuyer sur des valeurs solides, ces approches risquent de demeurer au bout du compte sans cohésion et sans résultat. Or, l'assise sur laquelle reposait jusqu'à présent notre politique étrangère s'est affaiblie : la menace militaire extérieure issue de l'affrontement entre les superpuissances a disparu; les idéologies et les croyances religieuses n'ont pas d'effet unificateur; et, dans bien des pays, l'identité ethnique est facteur de division.

- Dans un pays comme le Canada, les citoyens s'unissent autour de la nationalité civique qu'ils partagent, nationalité qui repose sur les valeurs de tolérance, de respect du droit et de compromis intelligent qui leur sont communes. Nous rassembler autour de ces valeurs, c'est nous donner une boussole pour orienter notre politique étrangère dans un monde où les certitudes absolues ont fait place au doute, à la fois sur ce qui nous attend et sur la voie à emprunter.

La mise en oeuvre d'une politique étrangère active fait l'objet d'un solide consensus au Canada

- Au cours de la dernière année, le gouvernement a prêté une oreille attentive aux idées exprimées par les Canadiens quant aux voies dans lesquelles nous devrions nous engager collectivement. Les orientations proposées dans le présent énoncé reflètent, dans toute leur diversité, les vues et les priorités de l'opinion publique canadienne.

  Parmi les principaux messages livrés par les Canadiens, le **premier** est qu'ils veulent voir le Canada maintenir sa présence active sur la scène mondiale. Ils comprennent bien que nos intérêts vitaux sont engagés dans le système économique international où la concurrence est féroce. Ils ne doutent pas que notre sécurité et notre souveraineté doivent continuer d'être assurées dans un monde livré aux tensions.

  En **deuxième** lieu, les Canadiens ont confiance dans leurs valeurs et dans la contribution qu'elles peuvent apporter à la communauté internationale. Comme l'a indiqué le Comité mixte spécial, « [l]a politique étrangère importe beaucoup aux Canadiens. Ils souhaitent que leurs valeurs, profondément enracinées, transparaissent dans le rôle que joue leur pays ». Nos principes et nos valeurs - notre culture - reposent sur notre attachement à la tolérance; à la démocratie, à l'équité et aux droits de la personne; au règlement pacifique des différends; à l'économie de marché, avec ses possibilités et ses défis; à la justice sociale; au développement durable; et à la réduction de la pauvreté. Les Canadiens souhaitent que nous fassions valoir et avancer ces valeurs dans le monde. Ils comprennent aussi que la culture est le ciment des sociétés, surtout en ce moment où tout change rapidement et où de nouveaux dangers menacent notre sécurité, notamment des conflits ethniques procédant d'une vision sectaire de la vie civique.

Troisièmement, les Canadiens sont conscients de l'importance que notre réussite dans le monde revêt pour leur existence quotidienne. Cette réussite repose, certes, sur les valeurs que nous partageons, mais elle n'est possible que parce que nous sommes un pays influent, qui fait valoir directement ses intérêts dans le monde, y compris au sein des instances réservées aux puissants, comme la Quadrilatérale des principaux pays commerçants et le G-7.

En un mot, ils comprennent que seul un Canada fort et uni sera en mesure de poursuivre nos objectifs avec efficacité dans le nouvel environnement international.

Les Canadiens sont également conscients des contraintes

- Si les Canadiens se disent fortement en faveur d'une politique étrangère active, ils ont aussi une vision réaliste des défis qui nous attendent et des contraintes, surtout financières, qui pèsent sur nos efforts. En particulier, ils savent que, tant que nous n'aurons pas mis de l'ordre dans nos finances, nous serons sérieusement limités dans nos moyens d'action à l'étranger pour la promotion de nos intérêts. Les Canadiens reconnaissent qu'il nous est impossible de faire tout ce que nous voudrions et que nous devons nous montrer sélectifs. Par conséquent, le gouvernement continuera de viser les objectifs de politique étrangère que les Canadiens réclament, mais il devra ce faisant observer une plus grande prudence financière : « faire plus avec moins » sera désormais notre devise pour la conduite des relations internationales, comme c'est déjà le cas pour la mise en oeuvre des programmes nationaux. Nos activités seront plus sélectives que par le passé, et nous modifierons nos façons de procéder.

La place du Canada dans le monde

- le Canada occupe une position de leader parmi les sociétés ouvertes, avancées, qui ont de plus en plus d'influence dans le monde alors que le pouvoir mondial se disperse et se définit de plus en plus en termes économiques;

- la position géographique du Canada lui donne un avantage important alors que de nouveaux pôles de pouvoir économique et politique émergent dans la région du Pacifique et en Amérique latine;

- l'héritage culturel du Canada lui donne un accès privilégié aux mondes anglophone et francophone, de même qu'aux patries d'origine de Canadiens du monde entier qui lui confèrent sa personnalité multiculturelle;

- Le Canada peut faire avancer ses intérêts globaux par son rôle actif au sein de tous les regroupements internationaux clés, par exemple en étant l'hôte du G-7 cette année et du sommet de l'APEC en 1997;

- L'histoire du Canada comme puissance non coloniale, champion du multilatéralisme constructif et médiateur international efficace, étaye un rôle important et distinctif parmi les nations qui essayent de bâtir un ordre nouveau et meilleur.

Le Canada est ainsi dans une position privilégiée pour influencer le changement et bénéficier d'ouvertures alors que nous nous approchons de la fin du XXème siècle. Le gouvernement usera de cette influence de façon responsable afin de protéger et promouvoir les valeurs et les intérêts du Canada dans le monde.

II. LA VOIE À SUIVRE

Objectifs clés

Se fondant sur les vastes consultations menées au pays et sur son interprétation de l'évolution du système mondial, le gouvernement a recensé trois objectifs clés pour son action internationale future :

- **la promotion de la prospérité et de l'emploi;**
- **la protection de notre sécurité dans un cadre mondial stable;**
- **la projection des valeurs et de la culture canadiennes.**

Ces objectifs clés sont interdépendants et complémentaires. Ils formeront le noyau de la politique étrangère canadienne et guideront les décisions sur les priorités.

- **La promotion de la prospérité et de l'emploi** est au coeur du programme d'action du gouvernement. Les marchés étrangers offrent d'énormes possibilités aux Canadiens en raison de la qualité de nos produits et services. Nous pouvons affronter résolument nos plus sérieux concurrents. Mais pour ce faire, nous avons besoin d'un cadre de politique économique nationale complémentaire; d'un accès aux marchés étrangers pour nos biens et nos services; d'un ensemble de règles transparentes, équitables et prévisibles en matière de commerce et d'investissement; et de moyens de garantir que les firmes canadiennes peuvent tirer avantage des débouchés prometteurs qui s'offrent à l'étranger. Nous souhaitons aussi voir d'autres pays et régions prospérer et, conséquemment, contribuer au renforcement de la stabilité internationale et progresser sur la voie du développement durable. Leur prospérité leur permettra aussi de s'engager dans des partenariats économiques plus matures et mutuellement avantageux avec le Canada et de s'ouvrir davantage à nos valeurs.

- **La promotion de la paix dans le monde comme clé de la protection de notre sécurité** reste un élément central de notre politique étrangère. La stabilité et la sécurité sont des conditions préalables de la croissance et du développement économiques. Mais les menaces à la sécurité sont maintenant plus complexes qu'auparavant. Plusieurs questions qui transcendent les frontières — migrations massives, criminalité, maladies, environnement, surpopulation, sous-développement — ont maintenant des incidences sur la paix et la sécurité aux niveaux local, régional et, souvent, mondial.

Notre propre sécurité, notamment au plan économique, est de plus en plus tributaire de la sécurité des autres. Les forces de la mondialisation, le développement technologique et l'ampleur de l'activité humaine accentuent plus que jamais notre interdépendance à l'égard du reste du monde. Notre prospérité et notre intérêt national sont inextricablement liés aux événements mondiaux. Comme l'a fait valoir le Comité mixte spécial, « à long terme, nous jouirons tous d'une sécurité commune, d'une prospérité commune et d'un environnement sain, ou personne n'en jouira ». Il nous faut traiter les questions de sécurité d'une façon intégrée et utiliser tous les instruments de politique étrangère à notre disposition.

- **La projection des valeurs et de la culture canadiennes est importante pour notre succès dans le monde.** Le gouvernement convient avec le Comité mixte spécial que « la politique étrangère du Canada doit célébrer et promouvoir la culture et le savoir canadiens comme moyen privilégié de favoriser nos intérêts dans les affaires internationales ».

  L'application de ces valeurs — le respect de la démocratie, la règle de droit, les droits de la personne et l'environnement — sera cruciale pour le maintien de la sécurité internationale devant les nouvelles menaces posées à la stabilité. Leur adoption au plan international sera aussi essentielle pour garantir leur viabilité dans notre propre pays. Le Canada ne pourrait s'isoler d'une communauté internationale faisant peu de cas de certaines valeurs qui fondent notre identité.

  La vitalité de notre culture est aussi essentielle à notre succès économique. Dans une économie mondiale davantage axée sur les connaissances, la qualité des personnes, leur éducation, leur ingéniosité et leur adaptabilité sociale deviendront des éléments clés du positionnement sur la scène internationale. Notre système d'éducation, notre diversité culturelle et la croissance continue et dynamique de nos exportations de produits et de services culturels contribueront grandement à notre réussite au plan international.

Le gouvernement entend intégrer ces objectifs clés au cadre de politique esquissé ci-après. Tous les instruments du gouvernement, y compris les programmes de commerce international, d'aide et de diplomatie, seront ciblés sur ces objectifs.

III. LA PROMOTION DE LA PROSPÉRITÉ ET DE L'EMPLOI

Sur la base de son Indice du développement humain, l'ONU a classé le Canada parmi les pays du monde qui ont la meilleure qualité de vie. La protection et l'amélioration de ce niveau de vie sont un objectif clé de la politique étrangère canadienne. Comme l'a mentionné le Comité mixte spécial, la prospérité du Canada ne repose pas uniquement sur de bonnes politiques économiques nationales, toutes essentielles qu'elles soient. Elle dépend aussi de la prospérité des autres nations et de notre capacité de tirer pleinement avantage des possibilités qui s'offrent.

La croissance économique et la création d'emplois au Canada exigent une plus forte concentration sur les initiatives nationales, y compris les mesures de redressement fiscal, pour encourager l'investissement et l'exportation de biens et de services concurrentiels. Elles exigent aussi un système économique international sain et axé sur des règles convenues.

Le système utilisé depuis la fin des années 1940 a mis l'accent sur l'accroissement de la productivité et sur l'amélioration des niveaux de vie au plan mondial. Il a aussi limité la capacité des économies plus influentes de poursuivre unilatéralement des politiques défavorables au Canada. Dans l'ensemble, ce système nous a bien servis, et il a montré une capacité impressionnante d'adaptation aux nouvelles réalités. De plus, nous nous sommes efforcés activement de protéger et de promouvoir nos intérêts au sein d'un système économique international que nous avons d'ailleurs grandement influencé.

Un contexte international en mutation

Le système commercial multilatéral est critique pour la prospérité du Canada

- Depuis la fin des années 1940, le développement et la défense d'un environnement commercial robuste et dynamique ont été naturellement assumés par l'Accord général sur les tarifs douaniers et le commerce (GATT); ce rôle est maintenant pris en charge par l'OMC, son successeur. La mise en oeuvre des résultats des récentes négociations commerciales multilatérales de l'Uruguay Round — qui ont notamment mené à la création de l'OMC — a été garantie à la fin de 1994 lorsque les principales économies du monde et plusieurs grands pays en développement ont intégré le nouvel ensemble de droits et d'obligations à leur législation nationale.

L'OMC élargit considérablement le champ de la réglementation internationale. Les nouvelles règles couvrent maintenant le commerce des marchandises (y compris des secteurs auparavant largement exclus comme l'agriculture de même que le textile et le vêtement) et le commerce des services. Les nouvelles règles contribuent aussi grandement, et pour la première fois, à favoriser la concurrence loyale pour les investissements directs. Elles prévoient des mécanismes bien plus efficaces de règlement des différends par l'application de la règle de droit plutôt que par l'utilisation unilatérale de la puissance commerciale. La nouvelle entente donnera, dans l'ensemble, de meilleures possibilités de croissance à l'économie mondiale et aux membres de l'OMC, quelle que soit la méthode utilisée pour pondérer les résultats obtenus. En outre, elle permet déjà d'identifier plusieurs domaines importants sur lesquels les membres de l'OMC conviennent d'achever leurs travaux complémentaires d'ici quelques années.

La croissance crée de nouveaux intervenants dans l'économie mondiale

Le Canada est l'une des grandes nations commerçantes du monde; à l'instar de ses principaux partenaires — les États-Unis, l'UE et le Japon -, il participe au G–7 et à la Quadrilatérale. Ses relations les plus intenses en matière de commerce, d'investissement et de technologie sont menées avec ces partenaires et, par-dessus tout, avec les États-Unis. Ces partenaires sont aussi au centre de l'économie mondiale contemporaine. Nous devons continuer à faire en sorte que ces relations soient gérées avec soin.

Parmi les grands exportateurs du monde, on retrouve aussi maintenant la Corée, Taïwan, la Chine, le Mexique, le Brésil et d'autres pays. De plus, des économies comme Taïwan, la Corée et Hong Kong sont devenues d'importantes sources d'investissements étrangers directs. Les pays en développement attirent par ailleurs environ le tiers des investissements étrangers directs, qui sont surtout acheminés vers les pays plus importants de l'Asie et de l'Amérique latine. Ces nouveaux intervenants s'efforcent, comme le Canada, de se tailler une part des marchés et d'attirer des investissements de qualité; mais ils constituent par ailleurs des marchés de plus en plus intéressants pour les exportations de biens et de services canadiens. Par une utilisation concertée de tous les instruments de politique étrangère à notre disposition, nous devons bâtir avec ces pays et avec les autres économies dynamiques en développement des relations afin de refléter l'importance économique croissante que nous leur reconnaissons.

Les points de politique commerciale à régler

- Malgré les utiles progrès réalisés en rapport avec l'établissement de l'OMC, la communauté internationale a encore beaucoup de chemin à parcourir pour réglementer adéquatement les subventions agricoles — surtout celles des États-Unis et de l'Union européenne — qui faussent le commerce et l'investissement. De même, l'amélioration de la réglementation touchant le recours aux mesures antidumping restera une priorité canadienne. Ce sont là des exemples de questions où une réglementation inadéquate est encore source de frictions entre les économies.

Les nouvelles questions de politique commerciale dans l'économie mondiale

- La réduction graduelle des obstacles traditionnels au commerce et à l'investissement résultant de négociations commerciales a soulevé de nouvelles questions sur la façon dont l'élargissement de l'éventail des régimes réglementaires nationaux de toutes les économies contribue à la croissance. De plus, les nouveaux intervenants sur la scène internationale ont, comme le Canada, intérêt à rechercher un accès plus large et plus sûr aux marchés des États-Unis, de l'UE et du Japon et, comme le Canada, attachent de l'importance aux règles internationales qui disciplinent adéquatement les tendances à l'unilatéralisme et au protectionnisme que l'on observe dans plusieurs économies. Il y a donc de plus en plus de possibilités de partenariats innovateurs avec un plus grand nombre d'intervenants.

- L'objectif premier des discussions sur le commerce et l'environnement est d'assurer que les nouvelles politiques appuient le développement durable. Les gouvernements sont confrontés à la nécessité croissante de solutions responsables et équilibrées aux questions touchant le domaine commun (par ex., changement climatique, appauvrissement de la couche d'ozone, stocks de poisson chevauchants) et l'incidence de la pollution transfrontières (par ex., les questions relatives à la qualité de l'air et de l'eau en Amérique du Nord). Pour faciliter la coopération internationale dans ce domaine, mais aussi pour contrer les actions unilatérales (comportant souvent un but ou un effet protectionniste), les gouvernements se tournent de plus en plus vers la négociation d'accords environnementaux internationaux comme élément clé du développement durable. Le Canada a déjà négocié des instruments bilatéraux et multilatéraux importants sur l'appauvrissement de la couche d'ozone, la qualité de l'air et de l'eau, le mouvement transfrontières des déchets dangereux, le changement climatique, la biodiversité et la désertification. Et d'autres accords seront négociés. De plus, les gouvernements du monde tentent de plus en plus activement de régler leurs propres problèmes environnementaux.

- Une autre « nouvelle » question — soit celle de l'explosion de l'investissement privé à l'étranger dans les 15 dernières années et de la mobilité accrue des capitaux d'investissement — appelle l'établissement de règles équilibrées en raison des préoccupations suscitées par les pratiques potentiellement anticoncurrentielles de certaines firmes privées, et notamment des grandes entreprises multinationales. Nous devrons nous assurer que les nouvelles règles favorisent au Canada la croissance et la création d'emplois et qu'elles servent plus généralement les intérêts des petites économies ouvertes qui ont besoin d'investissements.

Orientations de la politique canadienne

À la lumière de ces considérations, le gouvernement entend se donner les priorités suivantes en rapport avec le système international du commerce et des paiements.

Gérer notre relation économique avec les États-Unis

- Le Canada maintient avec les **États-Unis** la relation bilatérale la plus complexe et la plus importante au monde. 80 p. 100 de nos exportations sont destinées aux États-Unis, et ce pays compte pour 65 p. 100 des investissements étrangers directs au Canada. C'est pourquoi la bonne gestion de cette relation est notre toute première priorité. Une bonne partie de ce que nous faisons aux plans bilatéral, régional et international est en rapport direct avec la gestion de cette relation privilégiée. Il faut tenir soigneusement compte des différences réelles et des fortes similarités entre les intérêts des deux pays. Les relations canado-américaines sont basées sur des valeurs communes et sur une myriade de transactions économiques qui sous-tendent notre prospérité mutuelle. Mais une relation aussi intense et diversifiée fait ressortir des divergences de vues, qui ne sont que des différences entre partenaires souverains jouant des rôles égaux dans cette relation.

  Le gouvernement prévoit conséquemment consolider et valoriser de diverses façons notre partenariat économique avec les États-Unis. Nous améliorerons et élargirons l'Accord de libre-échange nord-américain (ALENA) en négociant de nouvelles réductions dans les pratiques américaines qui faussent le commerce et l'investissement et en ouvrant l'ALENA à d'autres pays du continent, en commençant par le Chili.

  De façon plus générale, nous continuerons à encourager l'adoption aux États-Unis de politiques économiques d'ouverture sur l'étranger et de coopération, par exemple en favorisant la libéralisation du commerce continental par l'élargissement de l'ALENA et l'appui du travail engagé sur un Accord de libre-échange des Amériques; en intensifiant la coopération environnementale à l'échelle du continent; en encourageant les États-Unis à s'impliquer dynamiquement dans le lancement rapide de la nouvelle OMC, et en renforçant les liens commerciaux et financiers établis au sein du mécanisme de l'APEC. Le fait d'impliquer positivement les États-Unis dans ces dossiers et dans d'autres questions internationales facilitera la gestion des points de divergence dans nos relations bilatérales et permettra aux deux pays d'avoir une collaboration internationale plus efficace dans les nombreux domaines de politique où nous poursuivons des objectifs similaires.

Nous redoublerons d'efforts pour gérer les points de friction sectoriels en menant un programme de défense et de promotion active de nos intérêts à Washington, en nous trouvant des alliés dans les diverses régions des États-Unis et en favorisant les partenariats sectoriels entre les secteurs privés des deux pays. Nous encouragerons aussi les gouvernements provinciaux et les parlementaires à s'impliquer davantage dans ce travail en structurant mieux le partage de l'information et en coordonnant mieux les programmes mis sur pied pour défendre nos intérêts.

Oeuvrer en faveur d'un système commercial international ouvert

- Au plan multilatéral, nous accorderons la plus haute priorité à l'établissement de **l'OMC.** Nos efforts intra-régionaux et extra-régionaux auront tous pour objectif le renforcement du système commercial mondial. Nous sommes fermement convaincus que la nation canadienne en a tiré d'importants avantages économiques dans les 50 dernières années, une conviction qui se reflète dans le fait que l'OMC était une proposition canadienne qui a reçu l'appui de tous les partis. La vision canadienne, basée sur un large consensus national, a donc apporté une importante contribution à la façon dont la communauté des nations mènera son commerce de demain.

  Dans les années à venir, nous tenterons résolument de relever les nouveaux défis. Il nous faudra notamment pour cela achever les négociations complémentaires — déjà envisagées sous les auspices de l'OMC — sur les marchés publics et sur le commerce de certains services. Nous sommes aussi disposés à aller au-delà du programme de travail existant. Nous allons par exemple encourager une analyse approfondie, d'ailleurs déjà en cours à l'OMC, sur la façon d'améliorer la compatibilité des obligations et des politiques internationales en matière de commerce et d'environnement dans les cas où il y a chevauchement et conflit. Nous engagerons le solide travail de base requis pour la préparation de la prochaine série de mesures de libéralisation du commerce et de l'investissement, dont dépend la prospérité du Canada. Nous appuierons aussi le travail de l'Organisation de coopération et de développement économiques (OCDE) et de l'Organisation internationale du Travail (OIT) sur les rapports qui existent entre les normes internationales du travail et le système commercial multilatéral.

Renforcer les liens économiques avec l'Europe

- Nos relations commerciales et économiques matures avec l'**Europe** restent d'une grande importance. Nous veillerons à ce qu'elles soient appuyées au niveau bilatéral, surtout en ce qui concerne nos principaux partenaires. Nous accorderons toutefois une attention particulière à l'Union européenne (UE), dont les domaines de compétence touchent de plus en plus aux intérêts du Canada. Le gouvernement examinera comment il serait possible de s'inspirer des résultats des récentes négociations commerciales multilatérales pour poursuivre la libéralisation du commerce avec l'UE. En consultation avec les milieux d'affaires, nous explorerons soigneusement la possibilité de réduire ou d'éliminer les obstacles au commerce entre l'Europe et l'Amérique du Nord dans tous nos secteurs d'exportation (surtout celui des produits agricoles), notamment par le biais d'un accord de libre-échange entre les membres de l'UE et les signataires de l'ALENA.

Bâtir des relations avec les nouveaux marchés

- **Asie-Pacifique**
    - Le gouvernement entend promouvoir activement, au sein de **l'APEC**, la libéralisation du commerce dans la région du bassin du Pacifique dans les prochaines décennies, et il est disposé à participer à l'élimination progressive des obstacles au commerce entre les membres de l'APEC. Parmi les grands défis économiques qui se posent, mentionnons la nécessité de libéraliser les pratiques qui ont faussé les courants d'investissement dans la région du Pacifique, l'établissement d'un consensus sur l'importance de nouvelles réductions tarifaires et l'intensification de la coopération technique dans des domaines aussi divers que les procédures douanières et les pratiques forestières. Le gouvernement exploitera l'approche « Équipe Canada » qui lui a si bien réussi en Asie l'an dernier, alors que le premier ministre, accompagné du ministre du Commerce international et du secrétaire d'État pour l'Asie-Pacifique, a visité la région à la tête d'un groupe comprenant des leaders provinciaux et des personnalités du monde des affaires.

- **Amérique latine**

  - Nous porterons étroitement attention au **Mexique**, un partenaire d'importance croissante pour le Canada, et aux autres grands **pays latino-américains**. Le Canada et le Mexique ont beaucoup à gagner et à apprendre l'un de l'autre par une coopération accrue dans le cadre de l'ALENA. Cette relation est aussi prometteuse dans d'autres sphères, y compris une collaboration étroite au sein de diverses institutions multilatérales comme l'ONU. Les deux pays ont intérêt à utiliser l'ALENA comme moyen d'élargir le libre-échange sur le continent, d'abord au **Chili**, puis peut-être éventuellement à d'autres pays. Le gouvernement est déterminé à développer nos relations économiques avec cette région, comme en témoigne la visite effectuée cette année par l'« Équipe Canada » dirigée par le premier ministre, accompagné du ministre du Commerce international, de la secrétaire d'État pour l'Amérique latine et l'Afrique, et de gens d'affaires éminents.

Promouvoir l'investissement étranger direct et la réglementation du comportement anticoncurrentiel

- Le Canada tentera d'obtenir des règles internationales améliorées et plus transparentes concernant l'investissement étranger direct et les pratiques anticoncurrentielles par le biais de divers mécanismes, dont la négociation d'une nouvelle génération d'accords sur la protection des investissements étrangers (APIE) avec les pays en développement et les économies en transition de l'Europe centrale et de l'Europe de l'Est. Nous poursuivrons aussi l'élaboration d'un Accord multilatéral sur l'investissement par l'entremise de l'OCDE et de l'OMC, et l'élargissement de l'ALENA. Nous encouragerons également une vigilance accrue en rapport avec les pratiques potentiellement anticoncurrentielles des grandes entreprises multinationales par la conclusion d'accords bilatéraux et multilatéraux favorisant une coopération active entre les responsables des questions de concurrence (et des mesures antitrust).

Mettre en place des règles et des institutions pour le nouveau système financier mondial

- Le réseau d'**institutions économiques et financières internationales** basé sur le système de Bretton Woods a joué un rôle central dans la gestion de l'économie mondiale, surtout en appuyant les efforts de développement dans toutes les régions du monde. Comme toutes les institutions de l'après-guerre, elles doivent s'adapter aux changements profonds suscités ces dernières années par les percées technologiques qui ont révolutionné les marchés des capitaux, aux nouveaux défis du développement durable, au rééquilibrage du pouvoir international ainsi qu'à la croissance des flux de capitaux privés et au développement du secteur privé.

Sa participation au **G-7** permet au Canada d'influencer l'évolution de ces institutions. Au Sommet économique qui se tiendra à Halifax en juin de cette année, le gouvernement présidera les discussions sur la réforme des institutions économiques internationales — comme le Fonds monétaire international (FMI), la Banque mondiale et éventuellement d'autres institutions. Cet examen devra s'intéresser aux rôles évolutifs de ces institutions et aux rapports qu'elles entretiennent entre elles et avec les nombreuses institutions reliées aux Nations Unies. L'élimination des mandats chevauchants et conflictuels sera aussi un grand objectif canadien, et un objectif conforme à nos compressions de ressources et à notre stratégie financière. Nous poursuivrons ces buts aux sommets économiques et dans d'autres instances dans les années à venir.

La prolifération des nouveaux **instruments financiers** à cadre juridique et opérationnel complexe soulève des questions sur la transparence du marché international des changes et des autres marchés financiers, sur l'adéquation de la protection offerte aux clients, et sur certaines questions systémiques liées à la stabilité du système financier international. Avec nos partenaires de l'OCDE, nous examinerons si les régimes nationaux de réglementation des institutions et des marchés financiers devraient être utilisés au plan international pour renforcer la stabilité financière globale.

Garantir des rapports positifs entre la réglementation internationale visant la gestion durable de l'environnement et l'économie

- Le gouvernement encouragera instamment l'adoption de règles internationales concernant la gestion durable de la **pêche en haute mer**, qui reconnaissent les intérêts particuliers d'États côtiers comme le Canada et qui reflètent l'impact dévastateur du déclin des stocks de poisson sur des centaines de collectivités de notre côte est. Le Canada a déjà annoncé qu'il ratifiera la Convention des Nations Unies sur le droit de la mer bientôt et il révise ses lois pour les rendre conformes à la Convention, en prévision de sa ratification.

L'industrie des produits forestiers est à la fois le plus grand contributeur net à la balance commerciale du Canada et une importante source d'emploi. Le Canada joue un rôle influent dans le monde à cet égard, comptant pour environ 20 p. 100 du commerce mondial des produits forestiers. Les forêts ont une fonction écologique très importante : elles affectent le rythme du réchauffement planétaire, maintiennent la diversité biologique, empêchent l'érosion des sols, préservent la qualité de l'eau et sont une source d'inspiration culturelle et spirituelle, surtout pour les peuples autochtones. Le Canada, à l'instar de plusieurs autres pays, a donc un intérêt important dans la préservation à long terme des forêts. C'est pourquoi nous rechercherons résolument, en étroite coopération avec divers alliés, des règles internationalement convenues sur la gestion durable des forêts — qui seraient idéalement enchâssées dans une Convention internationale sur les forêts. Cela aidera le Canada à maintenir et élargir son accès aux marchés des produits forestiers et à mieux appuyer les efforts d'autres pays, surtout en développement, pour gérer leurs ressources forestières de façon durable.

Nous préconiserons l'application de normes environnementales régionales conformes au développement durable ainsi qu'une amélioration de la compétitivité et ce, en appuyant activement la mise en oeuvre de l'Accord nord-américain de coopération dans le domaine de l'environnement. Le gouvernement mettra aussi en oeuvre sa nouvelle stratégie pour les industries environnementales, qui vise à accroître le taux de croissance et les exportations de ces industries tout en répondant à l'objectif gouvernemental en matière d'assainissement de l'environnement. La stratégie appuiera l'industrie canadienne, financera de nouvelles initiatives visant à mettre au point et à commercialiser des technologies environnementales innovatrices, et améliorera les débouchés nationaux et étrangers offerts aux sociétés soucieuses de protéger l'environnement. Le gouvernement entreprendra des études d'impact, conformément à la *Loi canadienne sur l'évaluation environnementale*.

Le Canada a un rôle particulier à jouer dans la protection et le développement de l'**environnement arctique**, un domaine où la coopération internationale — encore naissante — est vitale. Par une coopération internationale plus intense et un engagement national plus ferme, d'ailleurs démontré par la récente nomination d'un ambassadeur aux Affaires circumpolaires, nous tenterons de ralentir le processus du changement climatique global ainsi que de protéger et d'améliorer l'environnement arctique, de même que la santé et le mode de subsistance des habitants de la région.

Nous rechercherons aussi avec nos partenaires des moyens d'améliorer **la gestion des questions environnementales** au plan international. Les principales institutions s'occupant de ces questions sont la Commission du développement durable de l'ONU, le Programme des Nations Unies pour l'environnement et diverses autres institutions onusiennes, le Fonds mondial pour l'environnement, la Banque mondiale, le FMI, les banques régionales de développement, l'OMC et une foule d'autres mécanismes. Les possibilités de regroupements visant à améliorer l'efficience et l'efficacité de ces diverses institutions seront évaluées.

Intégrer le monde en développement au système économique international

- L'engagement du Canada de poursuivre et d'élargir la libéralisation du commerce et de l'investissement contribuera aussi grandement à renforcer la capacité des **pays en développement** de s'épanouir à l'intérieur d'une économie de marché.

  Le Canada appliquera intégralement les engagements de libéralisation de l'accès au marché canadien qu'il a pris aux négociations commerciales multilatérales de l'Uruguay Round. Cela englobe les mesures touchant l'élimination graduelle du régime de contingentement des importations appliqué dans le cadre de l'Arrangement multifibres, la réduction des droits d'importation frappant des produits qui intéressent nombre de pays en développement et la limitation plus stricte des pratiques de subventions qui faussent le commerce de plusieurs pays en développement tout comme celui des pays développés.

  Nous userons de notre influence pour obtenir que la poursuite de la libéralisation soit un grand objectif de toute future négociation commerciale à laquelle nous participons, que ce soit dans le cadre de l'OMC, de l'ALENA ou de l'APEC. Nous entendons réformer le Tarif de préférence général du Canada pour ouvrir davantage le marché canadien, surtout aux pays les moins avancés, et nous inciterons nos partenaires à faire de même. Nous tiendrons compte de l'impact d'une telle action sur les secteurs de l'économie canadienne qui seraient affectés.

- **L'allégement de la dette** aidera aussi nombre de pays en développement à participer plus activement à l'économie mondiale. Le Canada réclame depuis longtemps, dans des instances comme le Groupe des Sept et le Club de Paris (qui regroupe les principaux gouvernements créanciers), un meilleur allégement de la dette pour les pays à faible revenu surendettés, surtout ceux de l'Afrique subsaharienne. Ces efforts ont récemment été couronnés de succès, lorsque le Club de Paris a accepté de relever le niveau d'allégement applicable aux dettes accumulées par les pays admissibles.

Promotion du commerce international

Le gouvernement a consulté largement les entreprises canadiennes de toutes tailles ayant une expérience de l'exportation, et il a examiné attentivement les recommandations issues du rapport du Comité mixte spécial et de l'Examen de la promotion du commerce international sur la meilleure façon de faciliter la participation des entreprises canadiennes à l'économie internationale.

La sélectivité est particulièrement vitale en situation de contraintes budgétaires. Pour fournir ces services valorisés et focalisés, nous concentrerons davantage nos ressources à l'étranger. Nous réduirons nos opérations au pays et, sur certains marchés, nous utiliserons davantage de personnel recruté sur place. Le soutien des foires commerciales sera limité aux foires les plus importantes pour des secteurs donnés. Nous mettrons moins d'insistance sur l'offre d'informations commerciales pour nous concentrer davantage sur l'exercice de nos droits commerciaux internationaux (dans le contexte de l'OMC et de l'ALENA, par exemple) et sur la collecte de renseignements actualisés sur les marchés par notre réseau d'ambassades et de consulats à l'étranger.

Le gouvernement collaborera avec les provinces, les municipalités et les entreprises intéressées sur les quatre priorités suivantes :

1. **Accroître la participation des entreprises canadiennes à l'économie internationale.** Le gouvernement continuera à collaborer étroitement avec toutes les entreprises pour obtenir un meilleur accès aux gouvernements étrangers et aux principaux agents économiques. Ses activités de promotion commerciale et financière viseront à appuyer les petites et moyennes entreprises (PME). Le Programme de développement des marchés d'exportation sera concentré sur les firmes qui ont un chiffre d'affaires inférieur à 10 millions de dollars ou moins de 100 employés. Nous collaborerons avec le secteur privé, les provinces et d'autres organismes gouvernementaux pour identifier et aider les sociétés prêtes à exporter et pour fournir des renseignements actualisés et spécifiques sur les secteurs et marchés qui offrent le meilleur potentiel de croissance, y compris les secteurs de services.

   Nous collaborerons avec les provinces intéressées en vue d'élaborer des programmes et des services conçus pour sensibiliser les gens d'affaires aux cultures étrangères et pour les rendre mieux capables de travailler sur les marchés étrangers. L'évolution de l'environnement commercial favorise l'optimisation des ressources humaines dans une perspective globale et dynamique. L'Institut canadien du service extérieur (ICSE), qui est le centre de formation professionnelle du MAECI en matière de gestion et de politiques internationales, s'efforcera d'élargir ses programmes à d'autres ministères fédéraux, aux gouvernements provinciaux et au secteur privé afin d'appuyer cet effort visant à doter le Canada d'une culture commerciale internationale. Nous collaborerons aussi avec la Société pour l'expansion des exportations (SEE) et les banques commerciales afin d'améliorer l'offre de crédits à l'exportation, surtout pour les PME.

2. **Diversifier nos marchés étrangers.** Tout en reconnaissant l'importance cruciale du marché américain pour la prospérité du Canada, nous encouragerons aussi le développement plus poussé d'autres marchés prometteurs :

   - en collaborant avec le secteur privé pour aider les sociétés à se fonder sur leurs réussites aux États-Unis pour percer d'autres marchés étrangers;

   - en concentrant davantage de ressources sur les **marchés à forte croissance** de l'Asie-Pacifique et de l'Amérique latine et, en Europe de l'Ouest, en ciblant nos ressources sur la formation de partenariats financiers et technologiques et d'alliances stratégiques. Nous encouragerons les sociétés canadiennes à explorer le potentiel offert par les marchés naissants de l'Afrique et du Moyen-Orient, y compris celui de l'Afrique du Sud post-apartheid. Nous recruterons davantage de personnel local aux États-Unis et en Europe de l'Ouest, et nous redéploierons du personnel canadien vers la région Asie-Pacifique et l'Amérique latine. De nouveaux bureaux commerciaux seront ouverts dans certains pays de ces régions; les coûts seront financés par une réaffectation de ressources;

   - en nous efforçant de maintenir des services concurrentiels de **financement des exportations,** d'assurance des exportations et d'assurance-investissements étrangers sur la base d'un système financièrement autonome et doté d'une modeste capacité d'appui financier sur les marchés prioritaires afin de contrebalancer les subventions accordées par nos principaux concurrents. Nous rechercherons aussi une coopération plus intense et plus efficace avec les banques privées pour mieux aider les PME et mieux partager les risques de non-remboursement;

   - en faisant mieux connaître **la culture et le savoir canadiens** à l'étranger dans le but d'y projeter une image distinctive du Canada, de ses biens et de ses services. Nous nous efforcerons de faire davantage appel aux artistes et aux universitaires canadiens pour repenser complètement la façon dont nous projetons notre image nationale et nos produits à l'étranger. Il sera important de continuer à développer de nouveaux marchés d'exportation pour les produits et services de nos industries culturelles. Nous donnerons par ailleurs aux agents du service extérieur de meilleurs outils pour vendre le Canada à l'étranger, y compris sa culture et son savoir.

3. **Attirer l'investissement étranger et appuyer la science et la technologie.** De bonnes politiques économiques nationales maintiendront et amélioreront le climat de l'investissement au Canada. Nous ferons aussi les meilleurs efforts pour donner plus de certitude et de prévisibilité aux relations commerciales canado-américaines, surtout dans le domaine des recours commerciaux prévus par la législation. Cette prévisibilité sera importante pour les investisseurs qui veulent desservir le marché de l'ALENA.

   Le gouvernement rencontrera par exemple les PDG et les administrateurs de certaines entreprises étrangères implantées au pays pour les encourager à réaliser de nouveaux investissements et à prévoir des mandats de production au Canada. Le MAECI présentera des PME canadiennes à des investisseurs étrangers pouvant constituer des sources de capitaux, de technologies, de compétences en gestion et d'accès aux marchés. Nous préparerons également des initiatives visant à faciliter l'accès aux technologies étrangères et leur acquisition par les firmes canadiennes, en coopération avec d'autres organismes comme le Conseil national de recherches (CNR).

   Il est vital que le Canada participe pleinement à l'économie mondiale axée sur les connaissances. Notre science et notre technologie nous aideront à atteindre ce but. À cette fin, le gouvernement favorisera :

   - l'acquisition des dernières et meilleures technologies par l'industrie;
   - la sensibilisation des investisseurs étrangers aux capacités canadiennes en matière de science et de technologie;
   - la participation des entreprises canadiennes à des alliances internationales en matière de recherche-développement; et
   - l'élaboration d'un cadre international de règles donnant librement accès aux possibilités technologiques internationales.

4. **Bâtir des partenariats et développer l'approche « Équipe Canada ».** Le gouvernement renforcera les partenariats et se donnera une approche commerciale « d'équipe unifiée » sur trois fronts : au sein de l'administration fédérale, avec les provinces et avec le secteur privé, notamment les grandes entreprises ayant une expérience de l'exportation et les PME. Le gouvernement collaborera avec les provinces intéressées pour faire en sorte que les sociétés à la recherche de nouveaux marchés soient prêtes à exporter. Nous avons engagé les discussions sur une stratégie définissant les rôles et responsabilités et tentant d'éliminer le

chevauchement et le double emploi, et nous aménageons un service unique pour la prestation de renseignements commerciaux et de services liés à l'exportation.

Nous collaborons avec des partenaires des secteurs public et privé pour répondre à leurs préoccupations, notamment aux plans de la technologie et de l'investissement; cette collaboration est menée de façon informelle et formelle par le biais de mécanismes comme le Plan de promotion du commerce extérieur, ainsi que par l'entremise du Comité consultatif sur le commerce extérieur (CCCE) et de plusieurs groupes de consultations sectorielles (GCSCE).

En 1994, le **tourisme** était notre cinquième grande source de recettes d'exportation. Reconnaissant l'importance du tourisme, le gouvernement est déterminé à recourir, dans ce secteur également, à son approche « Équipe Canada », à collaborer avec des partenaires des secteurs public et privé pour faire de notre pays une destination privilégiée pour les voyages internationaux.

IV. LA PROTECTION DE NOTRE SÉCURITÉ DANS UN CADRE MONDIAL STABLE

Quand bien même le contexte international et les dangers qu'il comporte auraient changé, la sauvegarde de la sécurité du Canada demeure la responsabilité première du gouvernement. La tâche est d'autant plus complexe que nous sommes confrontés à un ordre nouveau. Le Canada ressent chaque jour davantage les effets de ce qui se passe ailleurs dans le monde. Dès lors, nous comprenons mieux les menaces qui pèsent sur notre sécurité.

Les Canadiens reconnaissent que leur prospérité et leur sécurité sont indissociables de la sécurité collective. Tout comme ils savent que la prospérité résulte de l'application d'un ensemble optimal de politiques économiques intérieures et extérieures, de même ils comprennent que la protection et le renforcement de notre prospérité et de notre sécurité nationales passent par la promotion de la paix dans les régions avec lesquelles nous entretenons d'étroites relations économiques et politiques. Les intérêts du Canada étant largement répandus dans le monde, nos politiques ne peuvent reposer que sur une approche mondiale.

Toutefois, les préoccupations des Canadiens en matière de sécurité vont au-delà de la protection égoïste de leurs propres intérêts. Le désir d'aider les autres à instaurer la paix procède de valeurs profondément ancrées dans l'âme canadienne, parmi les plus précieuses que nous ayons en commun. Notre politique de sécurité doit refléter l'esprit qui nous anime. Cela dit, les contraintes financières nous imposent des choix. Voilà pourquoi il est essentiel que nous imprimions à notre politique de sécurité des orientations claires.

Ainsi qu'il est indiqué dans le Livre blanc de 1994 du gouvernement sur la défense, notre adhésion à l'Organisation du Traité de l'Atlantique Nord (OTAN) et au Traité sur la défense aérospatiale de l'Amérique du Nord (NORAD) demeurent les principales garanties de notre sécurité militaire. Bien que les menaces visant directement le territoire canadien aient aujourd'hui diminué, le gouvernement estime nécessaire de conserver des moyens militaires prenant en compte le milieu international encore incertain et en mutation. Cela dit, nous procédons aux ajustements qui s'imposent pour renforcer notre capacité de contenir les conflits.

La protection de notre sécurité ne saurait se ramener à la simple préparation militaire. Pour maintenir la sécurité dans le monde, nous devons élaborer de nouvelles approches, trouver de nouveaux outils, et procéder à une nouvelle répartition des rôles institutionnels et des responsabilités politiques. Les politiques de sécurité et les structures qui ne visaient qu'à contenir la menace seront de plus en plus abandonnées au profit de nouvelles constructions favorisant la stabilité et la coopération. Le Canada sera parmi les principaux architectes du cadre élargi qu'il faudra mettre en place pour répondre à l'évolution des impératifs de sécurité.

La sécurité, base de départ de toute action

La sécurité humaine collective : une conception élargie de la sécurité

De sérieux problèmes à long terme résultent de questions d'ordre mondial concernant l'environnement, la population, la santé et le développement. Certains de ces problèmes — comme le réchauffement du globe — risquent de nous toucher directement. D'autres peuvent provoquer des crises débouchant sur des tragédies, des épidémies, des migrations massives et autres événements malheureux, auxquels le Canada ne saurait échapper même s'ils se produisent à l'autre bout du monde. D'autres, enfin, peuvent entraîner l'adoption à l'étranger de politiques qui, en dévalorisant les normes internationales relatives au travail, à la santé, à l'environnement ou à d'autres domaines, auraient finalement pour effet de dégrader notre sécurité économique. Tous ces problèmes appellent un élargissement de la politique de sécurité; celle-ci devra désormais être à la fois moins axée sur la gestion des relations entre États et plus sensible à l'importante contribution des individus et de la société à la sécurité collective.

Pour relever les défis que présente cette conception élargie de la sécurité, nous devrons — et cela rejoint les conclusions du Forum national sur les relations internationales du Canada — promouvoir la démocratie, le bon gouvernement, les droits de la personne, la règle de droit, et l'instauration de la prospérité par le développement durable. La politique étrangère du Canada continuera de viser ces objectifs.

De l'avis général, le meilleur moyen de réaliser un tel élargissement — à moindres frais et pour un effet optimal — consiste à regarder au-delà de l'option militaire pour trouver des solutions aux problèmes de sécurité, et à tout faire pour promouvoir la coopération internationale, renforcer la stabilité et prévenir les conflits. Le gouvernement poursuivra cet objectif dans le cadre d'une approche plus intégrée, faisant intervenir tous les outils de politique étrangère à notre disposition.

De caractère transnational ou mondial, ces problèmes appellent forcément une action concertée à l'échelle de la planète. Le Canada poursuivra ses efforts de coopération au sein des instances multilatérales pour parvenir à les régler.

Le développement durable, condition préalable de la sécurité humaine

Le Comité mixte spécial et les nombreux témoins qu'il a entendus voient dans le programme canadien d'aide au développement international plus que la simple expression des valeurs qui nous sont chères — notre sens de la justice, notre désir d'aider. Ils ont reconnu que ce programme a aussi un rôle critique à jouer pour le règlement de bon nombre des grandes questions de l'heure en matière de sécurité internationale. Des problèmes tels que la dégradation de l'environnement et le creusement de l'écart entre les riches et les pauvres influent sur la sécurité des populations partout dans le monde. Or, ce sont là des domaines où le Canada peut apporter une contribution efficace, en faisant la promotion du développement durable par la voie de son programme de coopération au développement. Le Centre de recherches sur le développement international (CRDI) fournit de son côté un apport notable, en favorisant une évolution progressive dans les pays du Tiers monde et en faisant porter ses efforts sur le développement durable.

La prévention des conflits et la consolidation de la paix, deux objectifs essentiels

Tel que décrit dans le chapitre VII, les programmes mis en oeuvre par le Canada dans le cadre de l'aide internationale sont en grande mesure conçus pour parer à ces menaces à la sécurité mondiale. Malheureusement, il est évident quc l'aide au développement ne saurait à elle seule prévenir les conflits. Lorsque la stabilité est rompue et qu'un conflit armé est imminent, la communauté internationale doit prendre toutes les mesures à sa disposition pour empêcher la guerre, y compris un ensemble gradué d'initiatives diplomatiques et militaires conçues avec la souplesse voulue et mises en oeuvre de façon concertée. La **diplomatie préventive** est le plus souvent confiée à des institutions multilatérales comme les Nations Unies, mais elle peut également s'effectuer à l'échelle régionale ou bilatérale. De concert avec ses principaux partenaires aux Nations Unies et ailleurs, le Canada s'attachera à trouver des mesures pratiques ayant des chances de succès.

Les **organisations régionales de sécurité** peuvent jouer un rôle de premier plan à cet égard, notamment par l'application de mesures propres à accroître la confiance. Nous nous efforcerons de faire en sorte que des organisations régionales comme l'OSCE, l'OEA et l'OUA puissent mieux se charger de cette diplomatie préventive à l'avenir.

La **consolidation de la paix**, soit le renforcement des mesures visant à raffermir la paix en facilitant le rétablissement de l'économie et des institutions, est essentiel pour soutenir les efforts des populations locales et de la communauté internationale en vue de résoudre les conflits. Le programme d'aide internationale du Canada favorisera la consolidation de la paix en fournissant aux sociétés démocratiques sortant d'un conflit l'assistance technique voulue pour leur permettre de mieux répondre aux besoins et aux aspirations de leurs populations. De plus, l'engagement de se pencher sur les besoins sécuritaires de l'individu dans le cadre du système onusien restera une priorité. Cela se refléta dans l'approche du gouvernement à la Conférence internationale sur la population et le développement au Caire en 1994, et se poursuivra au Sommet mondial sur le développement social de Copenhague et à la quatrième Conférence mondiale sur les femmes à Pékin.

Nos outils pour renforcer la sécurité

La gestion des conflits au niveau mondial : notre attachement aux Nations Unies

- Les Nations Unies continuent d'être le véhicule par excellence pour la poursuite de nos objectifs de sécurité dans le monde. La collaboration avec les autres États membres constitue pour le Canada le meilleur moyen de faire avancer ses priorités à ce chapitre. Dès lors, notre sécurité future passe par le succès de l'ONU.

Mais l'ONU doit devenir plus efficace

- Nous voulons que l'ONU soit pleinement en mesure de s'attaquer à tous les nouveaux problèmes qui se posent à la communauté internationale en matière de sécurité. Voilà pourquoi nous faisons tant d'efforts pour en accroître l'efficacité. En septembre dernier, devant l'Assemblée générale, le Canada a promis à cette fin de s'employer :

    - à renforcer la capacité d'action préventive de l'ONU;
    - à revoir en profondeur les activités économiques et sociales de l'ONU de manière à ce qu'elles reflètent une définition plus large de la sécurité mondiale;
    - à renforcer la capacité de l'ONU de réagir rapidement;
    - à améliorer le fonctionnement des organes décisionnels de l'ONU; et
    - à assainir l'assise financière de l'ONU.

  Si nous réussissons, nous aurons contribué pour une part essentielle à l'efficacité à court et long terme de cette organisation.

- Afin de rendre l'ONU plus efficace et plus efficiente et de réduire les doubles emplois dans les activités de l'organisation, le Canada a l'intention d'entreprendre un examen complet de tout le système onusien et il encouragera les autres pays à faire de même. Les résultats de cet examen faciliteront les décisions concernant les niveaux de contribution futurs.

Le renforcement de l'ONU

- **Renforcer la fonction « paix » :** Nous entendons faire en sorte que l'ONU dispose de meilleurs moyens pour assurer la mise en oeuvre prompte et efficace de ses décisions visant le maintien et l'imposition de la paix. De sérieuses lacunes sont apparues récemment à cet égard à l'ONU, notamment quand la lenteur et les hésitations de son processus décisionnel ont retardé le déploiement initial de son personnel en Somalie en 1992, et, au printemps dernier au Rwanda, lorsqu'il n'a pas été possible à l'ONU de faire parvenir à temps sur le terrain les renforts nécessaires pour empêcher le massacre. L'impuissance de l'ONU à intervenir rapidement sur le terrain dans de telles crises montre à quel point il faut améliorer sa capacité d'intervention rapide. Les solutions intermédiaires, comme celles proposées dans le cadre du projet de « forces de réserve de l'ONU », n'ont débouché jusqu'ici que sur des améliorations limitées.

  Le Canada pilote, en conséquence, une étude sans précédent sur les options à envisager pour doter l'ONU d'une capacité d'action rapide.

  Cette étude, qui vise à optimiser les interventions onusiennes lors de crises soudaines, sera prête à temps pour la célébration du cinquantenaire de l'ONU à la prochaine session de l'Assemblée générale. Ses conclusions sur les options à court, moyen et long termes seront soumises aux États membres pour qu'ils décident de la suite à y donner.

- **L'expertise canadienne du service international :** Nous continuerons d'offrir la vaste expertise canadienne sur laquelle l'ONU et les autres organisations internationales savent qu'elles peuvent compter. Une liste de noms de Canadiens éminents a été envoyée au secrétaire général en prévision de missions de diplomatie préventive. Nos militaires seront encore disponibles, dans la limite de nos moyens, pour soutenir et diriger des opérations de paix multilatérales, que ce soit au siège des organisations ou sur le terrain. Admirée partout dans le monde, notre police sera encore appelée à participer à des missions de surveillance et de formation critiques, comme à Haïti en ce moment, et parfois même à diriger de telles missions. Bon nombre de civils canadiens continueront quant à eux d'oeuvrer pour la paix aux quatre coins du monde, que ce soit au service de l'ONU, du Canada, d'organisations internationales ou d'ONG.

- **Les besoins en formation :** Comme les mandats des opérations de paix de l'ONU se font chaque jour plus complexes et plus dangereux, il est essentiel d'assurer une formation au personnel participant. Bon nombre de pays sont de nouveaux venus dans ces opérations : ils ont du personnel à offrir mais ne sont pas en mesure de dispenser eux-mêmes la formation nécessaire. Étant donné son expérience vraiment unique du maintien de la paix, le Canada est bien placé pour prodiguer cette formation au personnel international, qu'il soit civil ou militaire, dans le cadre du nouvel établissement que finance le gouvernement à Cornwallis (Nouvelle-Écosse), le Centre Lester B. Pearson pour le maintien de la paix.

- **Le partage du fardeau :** Les conflits étant nombreux dans le monde et les ressources onusiennes, limitées, il faut trouver des partenaires pour aider l'ONU à s'acquitter des fonctions de maintien et d'imposition de la paix. En Bosnie, l'ONU a dû compter sur l'OTAN pour le soutien de ses objectifs et de ses opérations. Ce partenariat est important car il faut que l'ONU et les organisations régionales collaborent pour tirer le meilleur parti possible des atouts de chacune. Néanmoins, il arrive parfois que des tensions résultent des différences entre les procédures de commandement et de contrôle des deux organisations et même entre leurs cultures institutionnelles. Dans les mois et les années à venir, nous avons l'intention d'encourager la clarification et l'acceptation des rôles qui conviennent à l'ONU et aux organismes régionaux comme l'OTAN relativement aux missions de maintien de la paix.

  Nous travaillerons aussi à renforcer les capacités d'autres organisations régionales, comme l'OUA et, éventuellement, d'organismes infra-régionaux, de manière à réduire les pressions qui s'exercent sur l'ONU. Nous chercherons à tirer parti des avantages qu'offrent ces organisations, l'ONU étant déjà sérieusement surchargée.

Le Canada est entièrement engagé au niveau de la sécurité régionale

- **Hémisphère occidental**

  - **États-Unis :** Notre relation de défense avec les États-Unis est garante de la sécurité des Canadiens. Notre collaboration de longue date avec ce pays, tant au sein de la Commission permanente mixte de défense que dans le cadre de NORAD, nous a permis de contribuer à la sécurité de l'Amérique du Nord et ce, à bien moindres frais et avec plus d'efficacité que si nous avions été tout seuls. Nous nous promettons de collaborer avec les États-Unis en vue du renouvellement de NORAD en 1996.

- **Arctique:** L'accent dans l'arctique canadien est de plus en plus mis sur les menaces non traditionnelles à la sécurité. La nomination récente par le Canada d'un ambassadeur aux affaires circumpolaires attirera davantage l'attention sur de telles menaces. Notre but est de créer un Conseil de l'Arctique pour relever le défi du développement durable dans le Nord et pour tenter de résoudre les problèmes importants auxquels sont confrontés tous les pays de l'Arctique.

- **Amérique latine et Antilles :** Les intérêts croissants du Canada en Amérique latine et dans les Antilles justifient que notre politique de sécurité accorde une plus grande attention à la stabilité de cette région. Nous sommes encouragés par la propagation de la démocratie, par l'importance attachée au développement économique équilibré et par le désir constant de réformer l'Organisation des États américains (OEA). Le Canada entend prendre une part importante aux démarches régionales en faveur de la sécurité dans notre hémisphère. Nous faciliterons avant tout l'établissement de cadres — depuis la recherche des faits jusqu'aux négociations — pour permettre aux pays de l'hémisphère de prendre des mesures bilatérales et régionales en réaction à d'éventuels problèmes de sécurité. Nous nous emploierons à renforcer les moyens dont dispose l'OEA en vue du règlement des questions de sécurité.

- **Europe**

  - **Maintien de l'engagement :** La stabilité de l'Europe continue d'être une importante priorité. Bien que les menaces à cette stabilité augmentent, trop de liens nous unissent de part et d'autre de l'Atlantique pour que fléchisse notre engagement. Ce que nous avons en commun, c'est avant tout un système de valeurs. Nos liens économiques, culturels et humains continuent d'être intenses et dynamiques; notre engagement dans le système international est fondé sur des objectifs communs. Cet engagement demeure ferme, comme en font foi nos contributions à l'OTAN, à l'Organisation pour la sécurité et la coopération en Europe (OSCE), et aux missions de maintien de la paix de l'ONU sur le continent européen. Le gouvernement s'emploiera à consolider cette relation, notamment par des réunions de haut niveau avec la présidence de l'Union européenne. Nous continuerons également d'accorder la plus grande attention aux relations bilatérales que nous entretenons avec nos principaux partenaires transatlantiques, comme nous l'avons fait avec l'Allemagne, la France, l'Italie et le Royaume-Uni au cours de la dernière année.

- **OTAN :** L'OTAN reste une organisation essentielle pour le maintien de la stabilité en cette période de grands bouleversements en Europe. Elle devra cependant évoluer. La menace qu'elle devait contrer s'est estompée pour faire place à de nouveaux défis, comme ceux qui se sont fait jour en ex-Yougoslavie. Désireux de relever ces défis, le Canada fera pression pour qu'évolue la vocation de l'OTAN et que soient admis d'autres membres, tout en tâchant de rassurer les Russes relativement à cette expansion.

- **OSCE :** Cette organisation mérite que le Canada s'intéresse à elle, surtout parce qu'elle fait participer les pays d'Europe — et notamment la Russie — à des pourparlers de sécurité dépassant la simple coopération militaire. L'OSCE doit encore prouver qu'elle est en mesure de faire régner la stabilité dans la région, et elle n'y arrivera que si tous ses membres lui accordent la priorité en tant qu'institution paneuropéenne. Le Canada continuera de favoriser le renforcement de cette organisation de coopération régionale, par exemple en fournissant une équipe de planification à la force de maintien de la paix que l'OSCE projette d'envoyer dans le Nagorny-Karabakh.

- **Europe centrale et orientale :** L'apparition de nouvelles démocraties en Europe centrale et orientale continuera de retenir l'attention des Canadiens, dont bon nombre ont des liens avec la région. Nous contribuerons à la sécurité européenne par notre participation à la Banque européenne de reconstruction et de développement (BERD), et aussi grâce au Programme d'assistance à l'Europe centrale et de l'Est, une approche authentiquement canadienne visant à instaurer le pluralisme, la liberté de la presse, la règle de droit, le bon gouvernement, le respect des droits de la personne, la libre concurrence et la conscience de l'environnement dans les nouvelles démocraties fragiles qui ont émergé des ruines de l'empire soviétique.

- **Asie-Pacifique**

  - **Défis et progrès :** La région est confrontée à de sérieux défis en matière de sécurité : différends frontaliers non résolus, atteintes aux droits de la personne, accroissement des acquisitions d'armes, dégradation écologique, explosion démographique, et narcotrafic. Nos intérêts sur le plan de la sécurité sont pris en compte dans une nouvelle institution — le Forum régional de l'ASEAN (ARF) — et dans divers instruments gouvernementaux et non gouvernementaux. Nous nous employons aussi à élargir notre dialogue politique et de sécurité avec le Japon, la Corée du Sud et les pays de l'Association des nations de l'Asie du Sud-Est (ASEAN), et nous cherchons à promouvoir l'intégration régionale du Viet-Nam et de la Chine.

- **Moyen-Orient**

  - **La paix progresse mais les tensions demeurent :** Malgré les progrès accomplis ces dernières années en vue d'un règlement du conflit arabo-israélien, le Moyen-Orient reste l'un des grands points faibles du monde pour ce qui est de la sécurité. C'est également une région où la prolifération d'armes de destruction massive représente un risque réel. Multilatéralement parlant, la région est critique pour le programme de sécurité de l'ONU.

    Pour notre part, nous veillerons à encourager, à faciliter et à mettre sur pied des mesures propres à rétablir la confiance nécessaire à l'avancement de la cause de la paix et du développement dans la région. Notre participation au volet multilatéral du processus de paix au Moyen-Orient, notamment notre rôle moteur au sein du Groupe de travail sur les réfugiés, nous fournit l'occasion de servir la paix et de souligner notre attachement de longue date à la stabilité et au progrès de la région.

- **Afrique**

  - **Mise en place d'un cadre pour la paix :** Bien que l'Afrique ait progressé dans la voie de la réforme politique et économique, la majeure partie du continent reste en proie à l'instabilité et aux conflits. Pour les institutions comme l'OUA, même lorsque la volonté politique existe, le manque de ressources pose souvent des problèmes. De nombreux pays ont encore un long chemin à parcourir avant de réussir à se doter de gouvernements stables, représentatifs et démocratiques, et la communauté internationale devra réfléchir à la combinaison de moyens à mettre en oeuvre pour favoriser le changement.

    Dans ce contexte, la politique canadienne consistera surtout à collaborer d'une part avec les pays africains clés afin d'établir des cadres internationaux et régionaux pour la prévision et la prévention des conflits, et à s'attaquer d'autre part à des facteurs comme la dégradation de l'environnement, l'explosion démographique et la pauvreté, qui compromettent la sécurité commune sur ce continent. Nous nous employons par ailleurs à promouvoir le respect des droits de la personne et des principes démocratiques dans le cadre d'organisations telles que la Francophonie et le Commonwealth.

La non-prolifération nucléaire et le contrôle des armements sont plus importants que jamais

- **Armes nucléaires**

  - **Les armes nucléaires continuent de nous menacer :** L'élimination des armes nucléaires dans l'ancienne Union soviétique et les risques de prolifération nucléaire ailleurs dans le monde, notamment en Corée du Nord, en Asie du Sud et au Moyen-Orient, continueront de préoccuper la communauté internationale, et des efforts concertés seront nécessaires pour empêcher l'éclosion de nouveaux conflits potentiellement catastrophiques. Le risque de voir des matières fissiles tomber aux mains d'organisations criminelles ou terroristes ne cesse de croître, et il nous faut agir pour y parer au plus vite.

  - **Le traité sur la non-prolifération des armes nucléaires (TNP) :** La priorité des priorités est d'en arriver à un accord international sur une prorogation indéfinie et inconditionnelle du TNP, l'instrument international le plus efficace pour enrayer la propagation de la technologie nucléaire à usage militaire. À cet égard, nous sommes déterminés à renforcer la capacité de l'Agence internationale de l'énergie atomique d'appliquer des garanties de protection efficaces en ce qui concerne les systèmes nucléaires civils.

    On assiste malheureusement à une polarisation Nord-Sud dans le débat visant la prorogation du TNP, notamment parce que certains prétendent que celui-ci avantage les puissances nucléaires au détriment des autres pays. Le Canada continuera d'insister sur le fait que le TNP est garant de sécurité. Tout le monde est gagnant : les gains de l'un ne sont pas une perte pour l'autre. Nous continuerons par ailleurs de tendre la main à toutes les parties, les incitant à la modération et au pragmatisme lors de l'examen du Traité et de sa prorogation, tout en continuant à exercer des pressions en faveur du désarmement nucléaire.

- **Autres armes de destruction massive**

  - **Armes chimiques et biologiques :** Une action internationale, efficace et coordonnée, s'imposera pour contrer la prolifération des armes chimiques et biologiques de destruction massive. Les traités internationaux en vigueur dans ces domaines ont certes leur utilité, mais il faudra trouver de meilleurs systèmes de vérification. Le Canada collabore avec d'autres pays à cette fin. Nous chercherons aussi à limiter l'exportation de telles armes, y compris leurs dispositifs de lancement et les matières servant à leur fabrication.

- **Armes classiques**

  - **Renforcement des contrôles :** L'accumulation excessive d'armes classiques dans de nombreux États constitue un problème pressant. Le recours généralisé et abusif aux mines terrestres, avec son horrible cortège d'innocentes victimes civiles, pose un sérieux défi, surtout lors d'insurrections. Nous travaillons de concert avec d'autres pays à renforcer la convention internationale pertinente. Nous continuons à attacher beaucoup d'importance au Registre des armes conventionnelles des Nations Unies et à engager vivement les autres États membres à l'utiliser. Le leadership du Canada à ce chapitre est démontré par les contrôles que nous effectuons dans les exportations de biens militaires, contrôles qui sont parmi les plus restrictifs en Occident. Aucune licence d'exportation n'est accordée lorsque, entre autres raisons, les biens sont destinés à un pays où ils pourraient servir à violer les droits de la personne ou encore où il existe une menace imminente d'hostilités. Nous allons aussi étudier les moyens de faire en sorte que la communauté internationale puisse prévenir de façon plus efficace la prolifération des armes classiques.

- **Armement et développement**

  - **Incitation à des dépenses plus productives :** Le gouvernement est préoccupé par le déséquilibre persistant entre les sommes qu'une majorité de pays en développement affectent aux dépenses d'armement et celles qu'ils consacrent au développement de leur population. Nous continuerons d'user de tous les moyens à notre disposition pour faire en sorte que, conformément à l'article 26 de la Charte des Nations Unies, seul soit détourné vers les armements « le minimum des ressources humaines et économiques du monde » et ce, surtout dans les pays en développement où les maigres ressources existantes devraient avant tout servir à soulager les souffrances et à promouvoir l'emploi et la croissance. En particulier, le Canada recherchera la concertation avec d'autres pour influencer les pays qui dépensent beaucoup dans l'achat d'armements plutôt que dans la promotion de programmes d'éducation et de logement pour leur population. À cette fin, le gouvernement offrira son aide à la démobilisation du personnel militaire, de même que de la formation pour l'intégration à la vie civile telles que les activités policières, et ce afin d'assister les sociétés qui tentent de réduire leurs dépenses militaires et reconstruire leur société civile.

V. DIFFUSER LES VALEURS ET LA CULTURE CANADIENNES

Les valeurs canadiennes et leur rayonnement à l'étranger sont essentiels pour assurer la prospérité du Canada et la sécurité dans le monde.

Les Canadiens croient fermement à l'importance de défendre leurs valeurs sur la scène internationale. Ils veulent les promouvoir en raison de leur mérite inhérent, mais aussi parce qu'ils comprennent que leurs valeurs et leurs droits ne seront pas garantis s'ils ne sont pas reconnus par l'ensemble de la communauté internationale. Le Canada n'est pas une île : si les droits de la personne sont violés à l'étranger, les Canadiens en sentiront tôt ou tard les effets. Ils comprennent bien que leurs intérêts économiques et leur sécurité bénéficieront du plus grand respect possible de l'environnement et des droits de la personne, de gouvernements participatifs, de marchés libres et de la primauté du droit. Si ces principes sont respectés, les chances de stabilité et de prospérité seront plus grandes. Sinon, c'est l'incertitude et la pauvreté. Leur respect est donc à la fois une fin en soi et une façon d'atteindre d'autres objectifs prioritaires.

Le respect universel des droits de la personne est dans l'intérêt du Canada

- **Les droits de la personne** ont été et restent un secteur d'intérêt et d'action prioritaire pour les Canadiens. Le gouvernement considère le respect des droits de la personne non seulement comme une valeur fondamentale, mais aussi comme un élément crucial dans le développement de sociétés stables, démocratiques et prospères, vivant en paix les unes avec les autres. Depuis la rédaction de la Déclaration universelle des droits de l'homme jusqu'à celle, plus récente, de la Convention relative aux droits de l'enfant, nous avons lutté aux premiers rangs pour réaliser un consensus international sur le respect des libertés et de la dignité de la personne. Nous sommes à juste titre associés, aux yeux de la communauté internationale, à la promotion des droits de la femme et de l'enfant, et plus particulièrement de leur rôle dans l'économie. Les droits de la personne demeureront une priorité de l'aide internationale canadienne. À cet égard, le gouvernement applaudit à l'excellent travail accompli partout dans le monde par le Centre international des droits de la personne et du développement démocratique du Canada.

  L'histoire montre que les pires violations des droits de la personne sont commises dans des sociétés closes. Par contre, les sociétés ouvertes au commerce, aux flux financiers, aux mouvements de population, à l'information et aux idées sur la liberté et la dignité humaine, tendent à mieux protéger ces droits. Heureusement, comme les frontières deviennent de plus en plus perméables, aucune société ne peut échapper au regard des autres. Inversement, aucun partenaire ne peut à lui seul en isoler un autre.

Forts de ces leçons, nous utiliserons efficacement toute l'influence que nous confèrent nos relations économiques et commerciales et notre aide au développement pour promouvoir le respect des droits de la personne.

Pour que notre politique des droits de la personne soit efficace, nous devons recourir aux mesures d'influence et aux divers types de sanctions à notre disposition. Prenons la Chine par exemple. Nous y multiplions les contacts afin d'ouvrir ce pays aux valeurs canadiennes comme il s'ouvre au commerce international.

Dans la plupart des cas, le mieux est de conjuguer notre propre influence à celle des autres pays en participant aux tribunes multilatérales et en collaborant étroitement avec les pays de même opinion. Ainsi, le Canada a contribué à mobiliser en 1994 la communauté internationale face à la situation des droits de la personne au Rwanda en convoquant une réunion spéciale de la Commission des droits de l'homme des Nations Unies.

Nous chercherons également à élargir le rôle du nouveau haut-commissaire des Nations Unies pour les droits de l'homme. Nos efforts pour créer des tribunaux sur les crimes de guerre commis au Rwanda et dans l'ancienne Yougoslavie visaient à faire en sorte que justice soit rendue. Ces tribunaux commencent à prendre tournure. Nous continuerons de demander que soit établi un tribunal permanent pour juger les auteurs de crimes contre l'humanité et d'infractions similaires, objectif que nous estimons maintenant pouvoir atteindre.

La démocratie favorise la stabilité et la prospérité

- La tradition démocratique est au coeur des valeurs canadiennes et à la base de notre prospérité. Nous croyons que d'autres pays devraient pouvoir bénéficier d'un **gouvernement participatif.** Bien enraciné, il favorisera la stabilité dans les pays et entre eux. Une des façons dont nous avons encouragé la démocratie a été de contribuer à l'organisation et à la surveillance d'élections un peu partout dans le monde, par le truchement d'organisations multilatérales comme les Nations Unies, l'OEA, le Commonwealth et la Francophonie. Les compétences d'Élections Canada ont été mises au service de la communauté internationale et sont maintenant considérées de par le monde comme un atout précieux. La présence d'observateurs électoraux canadiens est monnaie courante dans de nombreux pays, de l'Afrique du Sud au Cambodge, du Mozambique au Salvador.

Le gouvernement reconnaît toutefois que la tenue d'élections ne suffit pas pour que la démocratie prenne racine dans une société. Il est également vital d'encourager le développement d'une culture démocratique et d'une société civile qui soit pluraliste et participative, qui permette l'expression de divers points de vue et qui offre à ses membres la possibilité et les moyens de participer à la vie de leur collectivité et de leur pays. Il faut un cadre **juridique et institutionnel,** qui englobe la primauté du droit, une magistrature indépendante, un gouvernement honnête et ouvert, le respect des droits de la personne et la subordination de l'armée à l'autorité civile.

Notre appui au rétablissement de la démocratie en Haïti témoigne de la nécessité de travailler sur plusieurs fronts. Dans de nombreux cas, nous avons retenu **diverses mesures d'aide dont l'assistance technique et juridique**, en plus du dialogue, pour tenter de renforcer les nouvelles démocraties. C'est le cas en Haïti dont les nouvelles forces de police sont formées avec l'aide de Canadiens. Le gouvernement donnera la priorité au soutien de la démocratie dans le monde au cours des années à venir.

Le système international doit être régi par le droit et non le pouvoir

- La primauté du droit est l'essence même d'une conduite civilisée à l'intérieur des pays et entre eux. Des règles clairement définies nous permettent de planifier nos engagements et nos activités en étant raisonnablement certains que des changements de politique arbitraires et fantaisistes ne viendront pas contrecarrer nos attentes à l'égard des conditions du milieu. Et surtout, des règles convenues empêchent jusqu'à un certain point ceux qui sont le plus influents de mettre la société — et la communauté internationale — sous leur joug. L'établissement de règles aide à restaurer l'équilibre des forces.

Le Canada demeurera parmi les grands défenseurs de la primauté du droit dans le monde. Nous favoriserons le **respect des règles du jeu** dans le système commercial en mettant en place des règles transparentes et clairement définies de libéralisation du commerce et des investissements. Nous demeurons résolus à élaborer de nouveaux cadres et règlements pour régir les nouveaux champs d'activité et d'intérêt économiques. Le gouvernement accorde la plus haute priorité à des régimes strictement réglementés de contrôle des armes et de résolution des conflits. Pour accroître la capacité de nos casques bleus et des Nations Unies de s'acquitter de leur tâche dans des conditions dangereuses, le Canada a dirigé récemment des consultations à l'ONU qui ont abouti à un nouvel accord international sur la protection des forces de maintien de la paix et des autres employés des Nations Unies. Toutes ces actions montrent notre volonté de poursuivre la noble tradition canadienne d'établir des règles internationales.

Développement durable

- De plus en plus, le **développement durable**, élément important de notre système de valeurs, devient affaire de sécurité commune et de bon sens économique. Les environnementalistes, les spécialistes du développement et les économistes ont tous intérêt à promouvoir l'efficacité. Une production plus efficace évitera de dilapider des ressources déjà peu abondantes comme les matières premières et l'énergie, et pèsera moins lourd sur la capacité régénératrice de l'environnement. L'utilisation efficace du sol, de la main-d'oeuvre et du capital est également au coeur des efforts déployés pour lutter contre la pauvreté et satisfaire les besoins humains. Permettre aux producteurs les plus efficaces de fournir à la population mondiale des biens et services est l'objet même d'un système commercial ouvert. Nous veillerons à ce que la politique étrangère canadienne favorise le développement durable à l'échelle internationale en pesant soigneusement les considérations relatives au commerce, au développement et à l'environnement.

La culture et l'éducation sont vitales pour notre réussite

« La seule façon de défendre ses idées et ses principes est de les faire connaître. » Cette phrase, prononcée par Sir Wilfrid Laurier en 1877, illustre bien la volonté du gouvernement d'être présent et actif sur la scène internationale pour promouvoir et défendre les intérêts et les valeurs qui sont chers aux Canadiens.

Le Comité mixte spécial souligne avec justesse l'importance pour le Canada de promouvoir sa culture à l'étranger :

- Premièrement, à court terme, l'activité économique générée par les activités culturelles, scientifiques et éducatives est extrêmement importante pour l'économie de notre pays: les industries culturelles ont connu au Canada une croissance inégalée depuis dix ans et fournissent de l'emploi, notamment par l'exportation, à des centaines de milliers de Canadiens. Le Canada excelle aussi dans le domaine de l'enseignement supérieur : 60 000 étudiants étrangers ont choisi nos collèges et universités pour étudier ou se perfectionner. Les retombées économiques de la présence au

Canada d'étudiants étrangers, et l'exportation de nos compétences en ce domaine, sont de l'ordre de 2,5 milliards de dollars. Au cours des cinq prochaines années, le gouvernement établira un réseau qui pourrait comprendre jusqu'à dix centres éducatifs dans la région de l'Asie-Pacifique pour promouvoir les institutions éducatives canadiennes.

- Deuxièmement, à moyen et à long terme, un pays qui ne projette pas une image clairement définie de ce qu'il est et représente, est un pays voué à l'anonymat sur la scène internationale. Seule la culture canadienne peut exprimer la singularité de notre pays bilingue, multiculturel, profondément marqué par ses racines autochtones, le Nord, les océans et sa propre immensité. « C'est, comme l'a exprimé John Ralston Saul dans l'étude qu'il a soumise au Comité mixte spécial, la vision d'un peuple nordique qui, malgré de grandes et constantes difficultés, a trouvé le moyen de vivre ensemble alors que d'autres nations s'entredéchiraient et s'imposaient des mythologies monolithiques et centralisées. »

Les affaires culturelles sont un pilier de la politique étrangère canadienne

Les affaires culturelles constituent, avec la politique et l'économie, l'un des piliers de notre politique étrangère.

- Les Canadiens veulent marquer leurs réalisations sur la scène internationale et contribuer aux échanges et dialogues des cultures. Le gouvernement étudie donc avec une très grande attention les recommandations du Comité mixte spécial portant sur l'élaboration d'une stratégie pour encourager les processus de création et améliorer la production et la distribution de produits culturels canadiens, tant à l'étranger qu'au Canada. Il en va de même pour les activités et services éducatifs.

  Une telle stratégie devra être définie en collaboration avec les provinces, certains organismes privés, et avant tout avec les artistes et les créateurs canadiens afin de favoriser leur accès aux marchés et publics étrangers. Nous voulons, en bref, reconnaître le rôle joué par les artistes et les créateurs dans la diffusion de par le monde des valeurs et de la diversité canadiennes, et développer avec eux un véritable partenariat.

- Le gouvernement a de fait déjà renversé une décision du précédent gouvernement de fermer les services culturels de certaines de nos missions à l'étranger. Ceux de Paris ont été réorganisés et assurent aux activités culturelles canadiennes un rayonnement dynamique dans toute l'Europe et la Francophonie.

Néanmoins, le gouvernement est très conscient des limites de ses ressources financières dans ce secteur comme dans d'autres. Les contraintes budgétaires nous obligent à être particulièrement parcimonieux. Il sera nécessaire de travailler avec tous nos partenaires au Canada afin de mieux mettre en valeur à l'étranger notre actif culturel et d'y faire la promotion de nos industries culturelles et de nos services éducatifs. La stratégie du gouvernement dans ce domaine sera mise en oeuvre au fur et à mesure que les ressources nécessaires deviendront disponibles.

Le gouvernement reconnaît l'importance capitale de l'enseignement supérieur international. Nous travaillerons de près avec les provinces, le secteur privé, les universités, les collèges et tous les intervenants afin de promouvoir les institutions d'enseignement supérieur de notre pays auprès des étudiants étrangers, d'encourager la mobilité des étudiants canadiens par des programmes d'échange entre autres et d'ainsi les aider à s'ouvrir sur le monde et à bâtir les réseaux des décideurs de demain.

Notre expertise dans le domaine des communications est parmi les meilleures au monde. Le premier ministre a réitéré, au Sommet de l'OSCE à Budapest (alors CSCE), en décembre 1994, l'offre du Canada d'aider les nouvelles démocraties d'Europe à développer chez eux des médias libres, dans un contexte de démocratie et de respect des droits de la personne. Le Canada travaille déjà en ce sens, sur une base bilatérale, avec quelques pays d'Europe de l'Est.

Sur une base multilatérale, la participation canadienne à la chaîne internationale de télévision TV5 représente une vitrine exceptionnelle pour nos productions télévisuelles francophones en plus d'une présence quotidienne du Canada dans des millions de foyers câblés sur les cinq continents.

Faire rayonner la culture canadienne et faire la promotion des industries canadiennes de la culture et de l'enseignement, pour qu'elles demeurent concurrentielles au pays et à l'étranger, sont des objectifs fondamentaux de la politique canadienne. L'annonce en décembre 1994 de mesures d'appui aux artistes canadiens et à notre industrie du magazine souligne l'engagement du gouvernement à cet égard. Celui-ci est convaincu que nous pouvons et devons gérer nos relations économiques internationales de telle sorte que les industries culturelles canadiennes bénéficient d'un soutien efficace et demeurent compétitives. Nous resterons vigilants en protégeant et promouvant la capacité de nos importantes industries culturelles dans le nouveau contexte mondial.

VI. AIDE INTERNATIONALE

Le gouvernement a indiqué qu'il réviserait son programme d'aide internationale dans le cadre de l'examen global de sa politique étrangère. Les objectifs du programme et ses modalités de mise en oeuvre ont été réévalués afin qu'il réponde à des objectifs nationaux clairs et identifiables, et que les ressources peu abondantes qui lui sont affectées soient gérées le plus efficacement possible. Cette orientation reflète les avis exprimés par les Canadiens.

Comme l'indiquent les sections précédentes de l'Énoncé, l'aide internationale est un instrument essentiel à la réalisation des trois principaux objectifs poursuivis par le gouvernement. C'est un investissement dans **la prospérité et l'emploi**. L'aide internationale tisse un lien entre l'économie canadienne et des marchés comptant parmi les plus dynamiques au monde, à savoir les marchés des pays en développement. À long terme, la coopération peut aider les pays en développement à sortir de la pauvreté. Dès lors, elle peut contribuer à renforcer l'économie mondiale et permettre aux Canadiens et aux autres peuples de croître et de prospérer. L'aide au développement contribue également à la **sécurité mondiale**, car elle s'attaque aux nombreuses menaces qui pèsent sur la sécurité de l'humanité, comme la violation des droits de la personne, la maladie, la dégradation de l'environnement, la croissance démographique et le fossé qui ne cesse de s'élargir entre riches et pauvres. Enfin, c'est l'une des manifestations les plus claires **des valeurs et de la culture canadiennes** dans le monde — du désir des Canadiens d'aider les moins fortunés et de leur sens aigu de la justice sociale — et un moyen efficace de partager ces valeurs avec le reste du monde.

Le programme canadien d'aide publique au développement (APD)

Pour qu'un programme d'aide au développement soit efficace, il faut d'abord reconnaître que le développement est un processus complexe, et que de nombreuses conditions doivent être présentes pour qu'il s'enracine de façon permanente. Les personnes doivent avoir un accès équitable aux services sociaux de base, aux moyens de production et à l'emploi. Les femmes doivent pouvoir participer pleinement et en toute égalité au développement. Le respect des droits de la personne est essentiel, et la société civile et les systèmes politiques doivent être sains et inspirer confiance. L'infrastructure de base de la société doit être en place, ainsi que les politiques qui permettent une croissance économique durable et équitable. Dans le monde interdépendant d'aujourd'hui, la prospérité à long terme d'une société dépend de plus en plus de l'accès aux circuits financiers et aux marchés internationaux. Enfin, le développement ne dure pas s'il n'est pas respectueux de l'environnement.

La diversité croissante du monde en développement ajoute à cette complexité. Notre vision du développement doit tenir compte des besoins et des capacités qui varient considérablement d'un pays à l'autre. Plusieurs pays en développement ont atteint des taux de croissance remarquables et sont en voie de devenir d'importants partenaires commerciaux du Canada. Et pourtant, même dans ces pays, nombreux sont ceux qui n'ont pas profité de ce progrès et qui vivent encore dans la pauvreté. Des défis considérables subsistent dans les domaines des droits de la personne et de l'environnement. D'autres pays en développement, notamment en Afrique, ont vu leur échapper les acquis obtenus avec peine au cours des décennies précédentes. Comme tous les autres pays, les pays en développement voient leur avenir façonné par les courants et les enjeux mondiaux, qui ne peuvent être gérés avec succès que par la coopération internationale.

Vu cette complexité, tout programme de coopération qui se veut efficace — c'est-à-dire qui vise le développement durable — doit chercher à intégrer les enjeux environnementaux, économiques, politiques et sociaux, et tenir compte des réalités culturelles.

Le développement doit être souple afin de permettre au Canada d'oeuvrer dans plusieurs domaines clés avec la combinaison optimale de politiques et de programmes. De plus, il doit s'attacher aux problèmes qui ont le plus d'effet sur le développement et pour lesquels nous pouvons fournir des compétences qui correspondent aux besoins des pays en développement.

Un bon programme de développement doit viser les personnes, mettre l'accent sur le développement des individus et de leur potentiel, ce qui signifie aider les femmes, les hommes et les enfants des pays en développement, dans leurs communautés et institutions, à acquérir les compétences et ressources nécessaires pour soutenir leur propre progrès social et économique. Il est essentiel de s'attaquer à la pauvreté, tout en reconnaissant qu'il faut le faire sur plusieurs fronts, et que nos efforts visant à aider les pauvres doivent reposer sur un ensemble de programmes et de politiques mis en oeuvre de façon intégrée. Enfin, un programme de développement efficace doit comporter des activités aux niveaux des collectivités, des institutions et des politiques, et reposer sur un large éventail de partenariats, ici comme à l'étranger, de façon à réunir le meilleur bassin possible de compétences et de savoir-faire. Les partenaires canadiens comprennent les ONG, le secteur privé, les universités et les collèges, la jeunesse, les organisations professionnelles ainsi que les gouvernements fédéral, provinciaux et municipaux, tous jouant depuis longtemps un rôle clé dans le programme canadien de développement. Le Canada collabore également avec de nombreuses institutions et organisations internationales et, surtout, avec les peuples et les institutions des pays en développement.

Nos politiques d'aide au développement devraient converger avec les autres dimensions de nos politiques étrangère et intérieure, l'objectif étant d'uniformiser notre approche face aux pays en développement et de faciliter la réalisation des objectifs communs. Le contexte mondial dans son ensemble doit aussi être pris en considération. Il va de soi que l'aide au développement s'inscrit dans un effort plus vaste, qui fait appel aux ressources des pays en développement eux-mêmes et à d'autres facteurs comme le commerce et les investissements internationaux.

Le cadre d'action suivant contient quatre engagements majeurs pour le programme canadien d'aide publique au développement, qui tiennent tous compte des contraintes budgétaires du gouvernement. Ces engagements sont :

- un mandat clair et des priorités claires;
- le renforcement des partenariats;
- une efficacité accrue; et
- une meilleure communication des résultats aux Canadiens.

Un mandat clair pour l'APD canadienne

L'objectif de l'APD canadienne est de soutenir le développement durable dans les pays en développement afin de réduire la pauvreté et de rendre le monde plus sûr, plus juste et plus prospère.

À cette fin, l'APD canadienne concentrera les ressources disponibles dans six volets prioritaires, à savoir :

Les besoins humains fondamentaux, afin d'appuyer les efforts dans les domaines des soins de santé élémentaires, de l'éducation de base, de la planification familiale, de la nutrition, de l'eau, de l'hygiène et du logement. Le Canada continuera de fournir une aide humanitaire dans les situations d'urgence, et consacrera 25 p. 100 de son APD aux besoins humains fondamentaux comme moyen de renforcer l'accent donné à la question de la sécurité de l'individu.

Les femmes et le développement, afin d'encourager la pleine participation des femmes, à titre de partenaires égales, au développement durable de leurs sociétés.

Les services d'infrastructure, afin d'aider les pays en développement à fournir des services d'infrastructure respectueux de l'environnement, l'accent étant mis sur les groupes les plus démunis et sur la création de capacités.

Les droits de la personne, la démocratie et le bon gouvernement, afin d'accroître le respect des droits de la personne, y compris ceux des enfants, de promouvoir la démocratie et une meilleure gestion des affaires publiques, et de renforcer à la fois la société civile, et la sécurité de l'individu.

Le développement du secteur privé, afin de promouvoir une croissance économique soutenue et équitable par un appui au secteur privé dans les pays en développement.

L'environnement, afin d'aider les pays en développement à protéger leur environnement physique et à contribuer à la gestion des enjeux environnementaux aux niveaux régional et mondial.

L'aide canadienne au développement soutiendra l'objectif et les priorités énoncés ci-dessus dans certains pays clés d'Afrique, d'Asie et d'Amérique. Dans le cadre de ses priorités de programmes, l'APD sera étendue dans des secteurs importants pour le Canada et les pays en voie de développement comme l'agriculture, la forêt et les pêches.

Conscient de l'importance de l'APD, le gouvernement demeure résolu à en améliorer l'efficacité et à se rapprocher de l'objectif de 0,7 p. 100 du produit national brut (PNB) lorsque la situation financière du Canada le permettra.

Le Canada continuera de fournir la majeure partie de son APD aux pays à faible revenu. L'Afrique continuera de recevoir la plus grande part de cette aide en raison des défis immenses auxquels ce continent est confronté. Les programmes seront fermement enracinés dans chaque pays, mais le soutien aux initiatives régionales croîtra à mesure que celles-ci prendront de l'importance.

Le programme d'aide reflétera également l'importance croissante que revêtent pour le Canada ses relations avec les pays de son propre continent. Ainsi, il aidera les pays d'Amérique latine et des Antilles à se développer de façon durable. De même, les programmes d'aide dans la région de l'Asie-Pacifique contribueront d'une part aux efforts canadiens en général visant à nouer des relations durables dans la région, et d'autre part à aider certains pays à s'attaquer aux principaux obstacles au développement.

Le renforcement des partenariats

Une multitude de partenaires canadiens et d'organisations internationales, et, plus important encore, les peuples et les institutions des pays en développement jouent un rôle vital dans l'élaboration de la politique canadienne d'aide publique au développement ainsi que dans la planification et la mise en oeuvre de ce programme. Leur contribution est essentielle, car elle apporte les compétences, les connaissances et les ressources nécessaires pour relever les défis nombreux et variés du développement international.

Les partenaires canadiens fournissent une part importante des compétences, du savoir-faire et de la technologie qui sont nécessaires pour promouvoir un développement durable. Les organisations et les institutions internationales ont également un rôle crucial à jouer dans l'établissement d'un système réglementé de gestion des affaires mondiales. Bon nombre des problèmes les plus pressants qui assaillent les gouvernements nationaux — tant dans le monde en développement que dans le monde développé — ont un caractère mondial et ne peuvent être solutionnés que par l'action concertée des instances internationales et de groupements d'États et d'organisations. Il est vital d'établir des partenariats avec les pays en développement; la majorité des ressources investies dans le développement proviennent de ces pays.

Les jeunes Canadiens peuvent contribuer à bâtir ces partenariats, particulièrement au niveau communautaire. Le gouvernement encouragera nos jeunes à donner un coup de main dans les pays en développement, tant pour l'expérience enrichissante que procure la coopération internationale que pour aider les pays où le talent et l'énergie de ces jeunes peuvent faire une différence.

Le gouvernement s'engage à renforcer ces partenariats; à cette fin, il prend les engagements suivants :

En consultation avec les partenaires canadiens, le gouvernement prendra les mesures suivantes :

- insister davantage sur le développement des programmes de relations avec le secteur privé, y compris le programme de coopération industrielle (PCI) de l'Agence canadienne de développement international (ACDI), tout en assurant une plus grande coordination entre le MAECI, l'ACDI, la SEE et les autres ministères et organismes en tenant régulièrement des consultations sur les divers projets visés par le PCI de l'ACDI;
- élaborer un cadre pour le renouvellement des relations entre l'ACDI et les organisations bénévoles canadiennes, suivant le principe de la complémentarité de leur action;
- étendre le nombre et la nature des échanges de personnel entre l'ACDI et ses partenaires canadiens, notamment les ONG;
- trouver des moyens d'assurer une participation efficace du monde universitaire et des professionnels canadiens dans les programmes d'aide au développement; et

- améliorer la coordination entre les ministères et services de tous les niveaux de gouvernement — fédéral, provincial, municipal.

Avec ses partenaires internationaux, le gouvernement encouragera les réformes qui visent à :

- mieux intégrer aux travaux des institutions multilatérales les objectifs touchant les droits de la personne, la réduction de la pauvreté, l'équité sociale, l'égalité des sexes et l'environnement;
- améliorer la coordination entre les institutions multilatérales;
- accroître la responsabilité et la transparence; et
- améliorer l'efficacité du développement et le rendement des sommes qui y sont investies.

Avec ses partenaires des pays en développement, le gouvernement cherchera à :

- travailler avec les pays en développement et leurs peuples afin de les aider à participer davantage au système international et à l'économie mondiale;
- établir de nouveaux outils permettant de nouer des liens entre les partenaires canadiens et ceux des pays en développement afin d'accroître l'autonomie de ces derniers.

Une efficacité accrue

Les Canadiens appuient le développement international; cependant, en période d'austérité budgétaire, ils se préoccupent beaucoup des fruits de leur investissement dans la coopération internationale et de l'efficacité des programmes d'APD du Canada. Voilà pourquoi le gouvernement prendra un certain nombre de mesures pour accroître l'efficience opérationnelle de l'ACDI. Celles-ci s'inscriront dans la contribution de l'ACDI aux efforts de compression du gouvernement et consisteront à poursuivre la rationalisation du processus d'approbation et d'exécution des projets de l'Agence et à améliorer la rentabilité de ses services administratifs.

Le gouvernement se propose de renforcer **la cohérence des programmes** entre les instruments de politique étrangère qui touchent les pays en développement et de s'assurer de la complémentarité des programmes et des politiques de développement dans les pays et les régions.

Le gouvernement tient à **cibler** ses efforts dans un nombre restreint de pays, tout en maintenant des programmes dans les autres pays grâce à des mécanismes peu dispendieux et faciles à administrer. Il cherchera également à amener les pays en développement à s'occuper de multiples dossiers (par exemple, les droits de la personne, y compris les droits de l'enfant, l'environnement, la démocratisation et le statut de la femme).

Nous adopterons des **directives pour l'établissement de programmes efficaces**, basées sur les leçons que nous avons tirées de plus de 40 années d'expérience en développement, et préconisant les principes suivants :

- **Besoins et participation des pays en développement** : répondre aux besoins et aux priorités des partenaires dans les pays en développement et insister fortement sur la participation et la propriété locales à toutes les phases des programmes.
- **Connaissance du contexte** : fonder nos programmes sur une connaissance approfondie des conditions locales et tirer profit des leçons apprises, afin que nos politiques et programmes soient mieux adaptés.
- **Promotion de l'autonomie** : viser des résultats qui continueront de profiter aux individus sur place et de soutenir les efforts locaux une fois l'aide canadienne terminée.
- **Coordination avec les autres intervenants** : travailler de concert avec les gouvernements et les institutions des pays en développement et avec les agences de développement et organisations internationales afin de mieux coordonner les efforts de chacun.
- **Mise à profit des capacités canadiennes** : renforcer la coopération avec les partenaires canadiens afin que le savoir-faire canadien profite aux pays en développement dans les sphères d'activité où le Canada possède un avantage comparatif manifeste.

Appui à l'Europe centrale et à l'Europe de l'Est

Le Canada poursuivra un programme dynamique d'aide aux pays de l'Europe centrale, de l'Europe de l'Est et de l'ancienne Union Soviétique, tout en veillant à ce qu'il ne soit financé au détriment des priorités de l'APD.

Dans cette région en pleine transition, les intérêts du Canada sont importants. D'abord et avant tout, la sécurité internationale dépend de la stabilité de cette région, où l'on retrouve encore de puissants arsenaux nucléaires et où les conditions sociales, économiques et politiques, essentielles à une transformation pacifique, sont fragiles. En outre, la consolidation d'économies de marché prospères et leur intégration à l'économie mondiale ouvriront d'importants débouchés pour le commerce et les investissements canadiens et internationaux.

Ce programme continuera de répondre à une situation et à des intérêts canadiens qui changent rapidement dans cette région. À cette fin, le gouvernement continuera d'appuyer la formule du partenariat entre les divers intervenants canadiens : secteur privé, associations commerciales et professionnelles, ONG, universités, communautés ethniques et tous les ordres de gouvernement. Les fonds fédéraux servent de catalyseur en suscitant des contributions importantes de la part des partenaires au Canada et dans les pays bénéficiaires.

Par souci d'efficacité dans des conditions aussi changeantes, nous réaménagerons les rôles assumés par le MAECI, qui administre le programme en ce moment, et l'ACDI. L'orientation de la politique restera entre les mains du MAECI tandis que l'exécution des programmes sera transférée à l'ACDI. Ce nouveau rôle de l'ACDI correspond bien aux activités qu'elle mène dans les pays en développement. L'élaboration et l'exécution du programme feront l'objet d'une coordination étroite entre les deux organisations.

Des résultats tangibles

Les Canadiens veulent que les deniers publics versés à l'aide internationale soient utilisés efficacement. En outre, ils veulent que cette aide contribue réellement à améliorer le sort des personnes bénéficiaires en les rendant plus autonomes. Le gouvernement partage cette préoccupation et s'est engagé à améliorer l'efficacité de l'aide internationale et à en démontrer les résultats aux Canadiens.

À cette fin, le gouvernement s'assurera d'abord que les résultats des programmes et des projets puissent être démontrés à la lumière d'objectifs clairs, et spécificiera des résultats réalistes aux priorités des programmes. Il améliorera la communication des résultats au Parlement et au public, notamment par des révisions au Budget des dépenses principal, présenté chaque année au Parlement, afin que cette information soit plus claire et davantage orientée vers les résultats. De plus, le gouvernement diffusera davantage les résultats des évaluations et des leçons apprises afin de mieux informer le public et nos partenaires canadiens, multilatéraux et bilatéraux et d'améliorer les programmes de développement. Le gouvernement consultera davantage ses partenaires bilatéraux et continuera de soutenir les programmes qui sensibilisent la population canadienne au développement et l'informent des activités du Canada dans ce domaine.

L'aide internationale est un instrument vital de la politique étrangère canadienne. Elle favorise la prospérité et l'emploi, protège la sécurité mondiale et contribue au rayonnement des valeurs et de la culture canadiennes.

VII. L'AVENIR

Le gouvernement du Canada s'engage donc à formuler une politique étrangère axée sur la prospérité, la sécurité et les valeurs canadiennes, qui tienne compte de l'évolution rapide de la situation mondiale ainsi que de la rareté des ressources.

La participation soutenue et l'appui des Canadiens sont primordiaux.

Davantage de consultation

En adoptant une approche axée sur la consultation, nous créerons et renforcerons les mécanismes et les institutions qui permettront aux Canadiens de participer à l'élaboration de la politique étrangère.

- Tous les ans, le gouvernement organisera un Forum national sur les relations internationales du Canada. On y examinera un dossier précis, proposé par le gouvernement, en vue de formuler des recommandations stratégiques. Le prochain forum se déroulera à Toronto au printemps 1995.
- S'inspirant des consultations menées sur une base régulière avec le milieu des affaires par l'intermédiaire du Comité consultatif sur le commerce extérieur (CCCE) et des Groupes de consultations sectorielles sur le commerce extérieur (GCSCE) et avec ses partenaires du milieu des ONG et des droits de la personne, le gouvernement élargira et institutionnalisera ce processus en prévoyant une série de consultations actives auprès d'autres groupes et particuliers s'intéressant aux dimensions internationales des relations économiques, du développement et des affaires politiques.
- Le gouvernement a aussi décidé d'instaurer au sein du MAECI un nouveau mécanisme de consultation, de recherche et d'information sur la politique étrangère, qui réunira fonctionnaires, parlementaires, experts ainsi que citoyens et citoyennes.

Un rôle élargi pour le Parlement

Le travail accompli par le Comité mixte spécial, qui a mené au dépôt d'un imposant rapport le 15 novembre 1994, a mis en évidence le rôle prépondérant que le gouvernement souhaite confier au Parlement dans l'élaboration de la politique étrangère.

- Nous recommandons que les ministres et les comités parlementaires compétents tiennent dorénavant des consultations informelles sur les principaux éléments de la politique étrangère.
- En outre, le gouvernement fera appel au Comité permanent des affaires étrangères et du commerce international de la Chambre des communes et au Comité sénatorial permanent des affaires

étrangères pour inciter les Canadiens à communiquer au gouvernement leurs opinions sur l'orientation à donner à la politique étrangère.

- Le gouvernement entend continuer de tenir des débats parlementaires sur les grandes questions de la politique étrangère.

L'importance de partenariats élargis

- Le gouvernement entend également travailler en étroite collaboration avec les gouvernements provinciaux et les autres ordres de gouvernement dans le but de formuler des politiques dans les domaines d'intérêt commun.
- Le gouvernement fera appel plus que jamais auparavant aux spécialistes pour développer et mettre à jour la politique étrangère.

Le Service extérieur s'adaptera aux nouveaux objectifs et aux nouvelles contraintes

Le Service extérieur canadien est aux premières lignes de la gestion des relations internationales. Il réagira avec la souplesse voulue, au Canada et à l'étranger, pour modifier les priorités en fonction de nos objectifs clés. Nous devrons faire des choix et concentrer nos efforts là où ils seront les plus nécessaires, en appliquant les trois objectifs établis pour la politique étrangère canadienne dans cet Énoncé. Le Service extérieur s'engagera dans la voie de l'apprentissage continu pour devenir plus productif et plus efficace.

Vu la rareté des ressources en ce moment et pour l'avenir prévisible, le Service extérieur devra réduire le coût de toutes ses activités. Il devra affecter ses maigres ressources, tant humaines que financières, de façon judicieuse et conséquemment réévaluer sans cesse ses priorités stratégiques et opérationnelles ainsi qu'améliorer les compétences de son personnel.

- Le Service extérieur misera de plus en plus sur les nouvelles technologies de communication et de traitement de l'information. Grâce à elles, les grandes missions sont capables de fonctionner à moindre coût et les « mini-missions » deviennent possibles si bien qu'une présence canadienne pourra être assurée partout au monde.
- De même, la rationalisation des pratiques administratives, dans le respect de normes élevées au plan des responsabilités, lui permettra de réduire le personnel administratif dans les missions de moindre envergure et dans les bureaux à l'étranger. Des économies appréciables seront réalisées dans les opérations à l'étranger par un recours accru aux nationaux pour doter des postes auparavant occupés par des Canadiens.

- Toujours par souci de réduction des dépenses et en conformité avec nos intérêts, nous encouragerons la co-occupation de locaux à l'étranger pour nos services et des missions d'autres pays de même opinion. Cette formule est déjà mise en pratique avec l'Australie dans certaines missions.

- Le Service mettra l'accent sur l'apprentissage continu afin de bien maîtriser les compétences et les connaissances nécessaires dans un monde en constante évolution.

- La couverture médiatique mondiale et les bases de données informatisées ont modifié les besoins auxquels répondaient les rapports politiques, économiques et commerciaux préparés par les missions. Désormais, on consacrera davantage de temps et d'efforts aux relations avec les décideurs, aux négociations, à la promotion des divers intérêts canadiens et à la recherche de nouvelles méthodes pour promouvoir les intérêts du Canada dans les domaines du commerce, de l'investissement et de la technologie.

- Les ressources consacrées à la promotion du commerce international seront également déployées avec souplesse de façon à mettre l'accent sur les marchés les plus prometteurs, tel qu'indiqué plus haut.

L'un dans l'autre, ces changements et d'autres tendront à réduire le coût des opérations à l'étranger sans trop nuire à leur efficacité. Cela dit, une réduction des ressources se traduira inévitablement par une réduction des services. Nous nous concentrerons donc sur les plus importants.

Les changements survenus sur la scène nationale et internationale exigent également que nous adoptions de nouvelles approches face à la gestion des grands dossiers. Les menaces à la stabilité et à la sécurité internationales appellent en effet une attention plus soutenue.

- Par souci d'efficacité dans la poursuite de nos principaux objectifs, le MAECI veillera le premier à assurer la plus grande cohérence et synergie possibles entre toutes les activités internationales du gouvernement canadien. À cette fin, il créera avec l'ACDI un comité, présidé par le sous-ministre des Affaires étrangères, pour assurer une coordination systématique des politiques entre les deux organisations. Ils travailleront de façon plus intégrée pour assurer une plus grande cohérence au niveau des politiques, des opérations et de la gestion. Au besoin, par souci d'économie et de cohérence, le fonctionnement des deux sera rationalisé pour assurer des services en commun.

- Face à ce vaste objectif, le Ministère créera le Bureau des Enjeux globaux sous la responsabilité d'un sous-ministre adjoint qui sera aussi responsable des relations culturelles internationales. Il sera expressément chargé d'améliorer la capacité du gouvernement de traiter de façon cohérente les dossiers d'envergure mondiale comme l'environnement, la croissance démographique, les migrations (y compris les réfugiés), le crime international, les droits de la personne, la démocratisation, la diplomatie préventive et la consolidation de la paix après un conflit.

Regard sur l'avenir

Nous amorçons une nouvelle étape dans les relations internationales et la politique étrangère canadienne. Les défis à relever seront nombreux, mais nous pourrons nous appuyer sur de solides acquis. Nous disposons en effet de valeurs, d'institutions et de traditions bien ancrées et jouissons de l'appui d'une population engagée et informée.

Les Canadiens ont de bonnes raisons d'être optimistes face à l'avenir. Le gouvernement est convaincu que le Canada continuera de jouer son rôle sur la scène internationale, et que la communauté des nations continuera de compter sur la contribution unique de notre pays à la gestion des affaires de ce monde.

safeguard the quality of life at home: Canada is not an island able to resist a world community that devalued beliefs central to our identity.

Vitality of our culture is also essential to our economic success. In the new knowledge-based world economy, the skills of people, their education, ingenuity and social adaptability, will become key elements of international advantage. Our educational system, cultural diversity and continued dynamic growth in exports of cultural products and services will contribute significantly to our international achievement.

The Government intends to pursue these key objectives in the policy framework set out in this Statement. They will be the focus for the full span of the Government's instruments, including the programs of international trade, diplomacy, and international assistance.

More than ever before, it is important that foreign policy making broadly involves Canadians. The Government will ensure that it engages Canadians in all aspects of foreign policy on a systematic basis by conducting an annual foreign policy forum. We will build on our existing series of consultations to create a permanent and open consultation process with groups and individuals interested in key international topics. We will also establish a mechanism within the Department of Foreign Affairs and International Trade (DFAIT) for policy consultation, research and outreach, and will turn increasingly to Parliament for policy formulation and advice.

The Government is committed to ensuring that Canada will continue to do its fair share for the world, maintaining our proud and uniquely Canadian contribution to global governance and prosperity.

PREFACE:

FOREIGN POLICY BY CANADIANS

A new and broader process for foreign policy formulation.

Ensuring Canada's success as a society in a changing world must be a shared enterprise. The future of each one of us depends on it. That is why the Government is pledged to an open foreign policy process.

We have delivered on that pledge in a number of ways.

First, by strengthening Parliament's role.

- In the past year, the Government initiated several special parliamentary debates on critical issues such as peacekeeping in Bosnia and cruise-missile testing in Canada.
- The Government also asked a Special Joint Parliamentary Committee to seek the views of Canadians and to report on the principles and priorities that should guide foreign policy. The Committee held over 70 meetings, received over 550 briefs, heard from over 500 witnesses, and commissioned several studies from experts. It tabled its comprehensive report in November 1994, along with valuable background material.
- The Government commends the Members of the Senate and of the House of Commons who sat on the Committee. They conducted their work with openness, diligence and integrity. The Government also thanks the many individuals and groups who met with the Committee, who made submissions, and who participated in the challenge of reviewing our foreign policy.
- In reviewing Canadian foreign policy, the Government was also mindful of the recommendations of the Special Joint Parliamentary Committee on Canada's Defence Policy.

Canadians volunteered ideas and proposals on foreign policy throughout 1994, many making outstanding contributions to the review process. The Government has also met, and continues to meet, with Canadians of all backgrounds and from all regions to seek their views on specific questions - on aid, trade, human rights, the international environmental agenda and nuclear non-proliferation. The Ministers of Foreign Affairs and of International Trade have each met with groups of Canadians for these purposes in recent months.

Together with the Minister of National Defence, they sponsored a National Forum on Canada's International Relations in March 1994 at which over a hundred individuals, from across the country and with a

wide range of experience, gave advice on the broad foundations of our foreign policy.

The Government also benefited from a review of Canada's international business development programs and services. This review, led by Mr. L.R. Wilson, was focussed on ensuring that the Government's support meets the needs of Canadian business and is delivered efficiently and effectively. The Government is grateful to Mr. Wilson and to the other private sector members of his committee for the time and effort they devoted to this exercise.

Relations among societies are carried out at many levels and in many ways. Business drives our economy and that of the world. Non-governmental organizations (NGOs) are active in supporting human development and in shaping the management of the global commons and other global challenges, acting locally and internationally in pursuit of a global vision. Centres of knowledge and technology work together across borders, enriching their own societies and the international community. Individuals in their daily decisions help shape the world environment and are touched by it.

Canadians are engaged in the issues and are affected by them. That is why they should participate in policy making and that is why this Statement does not end the open policy process. It sets out the context within which Canada acts internationally, and the major objectives the Government intends to pursue in the world. The Government is pledged to continuing consultation. The role of Parliament in this effort will be key.

I. INTRODUCTION

A WORLD ON THE MOVE: THE EVOLVING CONTEXT FOR FOREIGN POLICY

The dangerous but predictable post-war system is gone.

- The international community must increasingly navigate in uncharted waters. The peaceful triumph of democracy destroyed the Soviet bloc and with it, the bipolar world. Many of the old certainties that guided foreign policy through the Cold War have collapsed, but now, more than five years after the fall of the Berlin Wall, construction on a new order is only at its beginning. It may not be fully shaped for decades, although some of its outlines, including the emergence of centres of influence in Europe, Asia and the Americas to replace the old superpower-centred world, are appearing. This is therefore a time of great uncertainty, but also of great opportunity.

Authority is dispersing.

- Some of the prerogatives and functions of the state, still the main actor in the international system, are passing to sub-national and supra-national actors; others to NGOs and multinational corporations. In the case of some particularly vulnerable states, armies and even criminal networks have gained excessive influence.

Power, however, is also moving into the hands of electorates, where it belongs.

- South Africa is an excellent example of this. Its hopeful message may spur renewed development regionally. As wealth is created and middle classes grow, democracy is also taking root in Latin America and Asia. This trend will likely continue, in particular, wherever the power to make economic decisions rests in an ever greater number of hands, as in South-East Asia. In Latin America, a transformation over the past 15 years has introduced democracy, human rights and market orientation as the norm towards which the region strives. Consequently, economic growth is now taking hold there. However, democracy and free markets are still fresh and fragile in many places and cannot be taken for granted. In this decade, we have already witnessed assaults on fledgling democracy - in Russia, for instance - and reversals, as in Nigeria.

Success increasingly derives from economic wealth rather than from military might.

- The collapse of the former Soviet bloc resulted not just from its inability to compete with the West militarily, but also from the inability of the Soviet economic system to generate an acceptable standard of living for its people. The new powers among developing countries are generally those whose influence derives from striking economic success.

  While military capacities and might will remain important factors in the international system of the future, international affairs will be rooted increasingly in economic and trade relations between countries and regions. As well, in the knowledge-based societies of the future, technological ingenuity will displace some other, more traditional, sources of influence.

Poverty, inequality and lack of human rights still burden too many people and create new tensions.

- There has been an immense increase in the world's collective wealth. Some developing countries, formerly among the poorest, have emerged as dynamic economies and important trading partners for Canada. Other countries, however, and many people within better-off societies, have failed to share in these gains. In the last 30 years, per capita GDP in East Asia has increased nearly five-fold and that of South Asia has doubled. By contrast, that of sub-Saharan Africa has stagnated and, in some countries there, has declined. More than a billion of the world's people still live in abject poverty. Economic disparities within and among countries, if left unchecked, will continue to be a powerful source of political, security and humanitarian crises. Human rights abuses in some countries compound economic problems as does environmental degradation. Sustainable development remains an elusive objective.

Ethnic and religious divisions have also emerged, and weapons are spreading.

- Ethnic and religious divisions reflect, in some cases, tensions only temporarily suppressed by totalitarian states and the pressures of the Cold War. In others, they represent the anxiety of those opposed to what they perceive as the intrusion of global trends. These factors are creating the potential for a "new violence" of a more complex and changing character than our international institutions were designed to manage. Conflict resolution, as a result, will become even more difficult than in the past. The conflict in the former Yugoslavia is just one example of this broad challenge.

International terrorism continues. In a few countries, power has simply fractured into anarchy, while in others, the authority of government is increasingly challenged.

Although the demise of Cold War rivalry has reduced the likelihood of global nuclear war, looser control over fissile weapons material in the former Soviet world and a wider diffusion of weapons technology raises the spectre of destabilizing threats from new forces set loose by local conflicts and international criminality.

Security means freedom from a wide array of challenges.

- The new international context also imposes "non-traditional" threats, in particular, threats that transcend political borders and affect whole regions or even the globe. International crime and disease, global warming and mass involuntary migration are examples of the more negative aspects of greater global integration.

- We now recognize the danger posed to this and future generations by environmental degradation, social inequity, lack of economic opportunity and overpopulation. More and more, the concept of security is focussing on the economic, social and political needs of the individual. In tackling these issues, we will require clarity in our thinking about the sources of each threat and problem, and about which combination of instruments - including development cooperation, trade liberalization and, if needs be, preventive diplomacy and peacemaking - is best able to address them.

Globalization has dramatic economic effects.

- All societies are having to respond to the pressures of economic globalization: the increasing capacity of industries to distribute production, the power of financial markets to influence the value of currencies without regard to political geography, and the enormous volume of investment capital which flows daily across borders at the push of a button. International capital markets have the strength to affect the independent capacity of governments to guide economies. Globalization means that economies respond less to political control than before. Societies look to their governments to foster economies that succeed in the global system but produce benefits locally.

Globalization also affects culture.

- Globalization also has a powerful impact on culture. Carried on the information highway and tied by growing transborder links among groups and individuals, culture now has assumed a global character.

This has given greater scope for vibrant cultures to flourish across borders; it has raised, however, concerns about global homogeneity stifling distinctive local expression and identity. Countries are looking for the appropriate balance between openness to international culture and support of their own cultures to protect and enhance local identity and diversity.

This evolving context changes the nature of state sovereignty.

- Thanks to technological innovations, the adoption of outward-looking political and economic policies, and the other changes described above, borders have become more porous to the flow of ideas, people and capital. This has diminished the ability of states to act independently since they can no longer isolate themselves from the world without unacceptable domestic consequences. However, especially for smaller and medium-sized countries, sovereignty has also been enhanced since the growing number of international rules on security, trade and other matters better protects states from arbitrary and unilateral action by other international actors.

States differ in their international approach.

- In some parts of the world, the state is struggling to maintain or reassert legitimacy and order. The "tiger" states of Asia, by contrast, are newly strong and are projecting their interests more than ever.

  The developed western countries are in a different position. The political consensus that sustained the welfare state and internationalism is under stress from fiscal pressures and globalization. Maintaining employment has become the dominant social challenge.

  Room for government action in developed countries is constrained by debt loads. Doing a better, more innovative, more focussed job with less will characterize foreign as well as domestic policy making for the foreseeable future in all these countries. Choices — many difficult and painful — will have to be made.

  Only states with clear objectives, acting on a strong domestic consensus, will be able to deploy significant influence and play an effective role in this new world.

Foreign Policy Making Will Change in the New Context

Domestic and foreign economic policy will be increasingly linked and mutually supportive.

- As stated by the Special Joint Committee, "Domestic policy is foreign policy...foreign policy is domestic policy." For example,

international trade rules now directly impact on labour, environmental and other domestic framework policies, previously regarded as the full prerogative of individual states. The implementation of international environmental obligations, for instance, could have major domestic implications for producers and consumers and impact on both federal and provincial governments. At the same time, in a world where prosperity is increasingly a function of expanding trade, foreign policy will be driven more than ever by the domestic demand for a better, freer and fairer international environment for trade.

States will cooperate with each other even more.

- One reaction among states to these changes has been to emphasize cooperation for mutual advantage. States have been increasingly willing to enter into international agreements that voluntarily cede aspects of economic sovereignty. They do this, through regional trade arrangements for example, so that their societies can in turn receive benefits that are unattainable when acting alone. Advanced, trade-reliant countries, such as Canada, lead in the creation of a system of international rules to govern the collective behaviour of states because they see binding rules as providing the best basis for the widest cooperation and for protection against unilateralism.

Economic integration is moving forward more broadly as a result.

- At the global and regional level, there are an increasing number of rules-based regimes that are further facilitating integration. These have spurred private sector economic activity, stimulating trans-border flows of investment and trade to increase at an accelerating rate. However, as regional organizations develop, there is the worrying possibility that they may turn inward and that the world will evolve into competing economic blocs. Multilateral economic and trade institutions, as well as relations among regions, must evolve to contain this risk and be mutually reinforcing.

International roles are evolving.

- As the international system changes, so too do the traditional roles of the major players. The United States is the world's remaining superpower, economic and military. It is still adapting to this role. The European Union (EU) is becoming a political actor in its own right as well as an ever-more integrated economic entity. The transatlantic partnership continues to lead in defining the rules of the emerging international system, but its relative power is being shared increasingly with other regions.

  More economic power is moving to the states of Asia, now led by Japan, and political influence will follow it. In particular, China

will continue to emerge, not only as a regional but also as a global power in every respect. The Asia-Pacific Economic Cooperation (APEC) forum is becoming an important focus for cooperation around the Pacific Rim. Latin America and Central and Eastern Europe are also becoming centres of gravity as their economies and political cultures modernize. The potential of Russia as a major partner in the world system must also be factored into the picture.

International relationships - bilateral and multilateral - must also change.

- In the new international system of shifting political and economic power, countries cannot rely on rigid adherence to only traditional relationships with old partners. Bilaterally, good relations with old friends will remain very important, but, increasingly, partners will choose each other to attain specific objectives or to reflect diversity in pursuing new long-term prospects. Variable alliances will increasingly become a pattern in international relations.

  Similarly, countries are reassessing their approach to multilateralism, becoming much more tough-minded. Many, including Canada, are dedicated to strengthening the system. However, none can take for granted that institutions will respond effectively to the challenges before the world community unless the political will of their members is fully engaged. Moreover, in a tight international fiscal climate, no institution will be immune to pressures to demonstrate the value that it adds to the affairs of its members. Some institutions, like the United Nations (UN), need reform to bring them in line with new realities. Others, like the World Trade Organization (WTO), are already oriented in dynamic new directions.

The new regionalism is both an opportunity and a challenge.

- The rise of regional organizations provides new fora for countries to pursue their foreign policy objectives. Historically, Canada's emphasis on multilateralism has rested, among other reasons, on an understanding that this approach would help limit the scope for major powers to act unilaterally. Multilateralism, in its evolving forms, remains a priority for Canada, but now we can also capitalize on our own identification and partnership with several regions to achieve our objectives.

  Each major regional grouping has its own characteristics. The EU is deeply engaged in building political and security co-operation as well as in the continuing process of economic integration. The countries of the Asia-Pacific region are only beginning to discuss security collectively, but they are making significant progress

towards greater economic cooperation through APEC. The North American Free Trade Agreement (NAFTA) remains a trade area without plans for closer political integration, although Canada, which already works productively on a wide range of international issues with the United States, intends to work more closely with Mexico on many issues in the future. The Organization of American States (OAS) offers much potential in a variety of fields, which we will be working hard to develop. Recent evidence demonstrates that regional cooperation in Africa, through the Organization of African Unity (OAU) and otherwise, is also possible. This is a welcome and important development.

We have influence and allies in all of these regions. The continuing challenge will be to use our assets and multilateral engagement prudently and effectively as the regional systems themselves evolve.

Other groups reflecting shared interests will also be influential.

- Institutions such as the Commonwealth and the Francophonie, to which Canada belongs, will be an important complement to regional arrangements. They are valuable fora for countries that have diverse national interests but also shared values and objectives in addressing global challenges. Most critical, because of the power concentrated there, is the role of the Group of Seven (G-7) leading industrialized democracies (Canada, US, Italy, Japan, Britain, Germany, France). The Halifax Summit, which Canada chairs, will be a key opportunity for Canada to exercise world leadership on issues on the international agenda.

Common Values for Consistent Direction

- New approaches are clearly needed for the management of international relations. They will, however, ultimately lack consistency and effectiveness in the absence of basic values. The foundation that supported foreign policy in the past has eroded: the old external military threat posed by the confrontation of superpowers has all but gone; ideologies and religion do not unify; nor, in many countries, is ethnic identity held in common.

- In countries like Canada, unity springs from pride in the civic nationality - based on shared values and tolerance, respect for rule of law and thoughtful compromise - that its citizens share. Unity around these values permits the identification of a new compass for the development of foreign policy in a world where sweeping certainties have been replaced by doubts about what is ahead and where the surest path lies.

There is a Strong Consensus for an Active Canadian Foreign Policy

- The Government has listened carefully to Canadians over the past year for their views on the directions we should collectively pursue. Their views and priorities, in all their diversity, inform the directions outlined in this Statement.

  The **first** major message from Canadians is that they want to remain actively involved in the world. They understand that our vital interests are engaged in the highly competitive global economic system. They are clear that our security and sovereignty must continue to be assured in a world under stress.

  The **second** is that Canadians are confident in their values and in the contribution these values make to the international community. As the Special Joint Committee noted: "Foreign policy matters to Canadians. They have deep-rooted values that they carry over into the role they want Canada to play." Our principles and values - our culture - are rooted in a commitment to tolerance; to democracy, equity and human rights; to the peaceful resolution of differences; to the opportunities and challenges of the marketplace; to social justice; to sustainable development; and to easing poverty. Canadians wish these values reflected and advanced internationally. They also understand that culture helps to bind societies together at a time of rapid change and of the emergence of new threats to security such as ethnic strife rooted in exclusionary visions of civic life.

  The **third** is that they understand the importance in their daily life of our success in the world. It is a success that relies on our shared values, but is only possible because we are an influential nation, asserting our interests directly around the world, including at the highest tables reserved for the few, such as the Quadrilateral Group of the world's leading traders and the G-7.

  They understand, in short, that only a strong, united Canada can pursue our objectives effectively in this new international environment.

Canadians also understand the constraints.

- While Canadians strongly support an active foreign policy, they also have a realistic view about the challenges ahead and the constraints - especially financial constraints - that we face. In particular, they understand that until we get our own financial house in order, we will be seriously limited in our ability to act abroad to further Canadian objectives. Canadians recognize that we cannot do

everything that we would like and that we must be selective. The Government, therefore, will continue to pursue the foreign policy objectives that Canadians demand, but will have to do so in a manner that reflects the need for even more financial prudence: "more effective and less costly" will have to be the watchwords guiding our approach to international relations, as it is to domestic programs. We will not do everything we have done in the past, nor shall we do things as we have done before.

Canada's Place in the World.

- Canada occupies a position of leadership among the open, advanced societies which are becoming increasingly influential as world power is dispersing and becoming more defined in economic terms.
- Canada's geographic location gives it an important advantage as new poles of political and economic power emerge in the Pacific and Latin America.
- Canada's cultural heritage gives it privileged access to the anglophone and francophone worlds as well as to the homelands of Canadians drawn from every part of the globe who make up its multicultural personality.
- Canada can further its global interests better than any other country through its active membership in key international groupings, for example, hosting the G-7 Summit this year and the APEC Summit in 1997.
- Canada's history as a non-colonizing power, champion of constructive multilateralism and effective international mediator, underpins an important and distinctive role among nations as they seek to build a new and better order.

Canada, thus, is in a privileged position to influence change and to benefit from opportunities as we move toward the end of the twentieth century. The Government will exercise that influence responsibly to protect and promote Canada's values and interests in the world.

II. CHARTING THE COURSE

KEY OBJECTIVES

Drawing on broad consultations among Canadians and on its assessment of the evolving world system, the Government has identified three key objectives for its international actions in years to come:

- **The promotion of prosperity and employment;**
- **The protection of our security, within a stable global framework; and**
- **The projection of Canadian values and culture**

These key objectives are interdependent and mutually-reinforcing. They will form the core of Canadian foreign policy and will guide decisions on priorities.

- **The promotion of prosperity and employment** is at the heart of the Government's agenda. International markets present tremendous opportunities for Canadians, given the quality of our products and services. We can compete with the best in the world. In order to do so, we require a supportive domestic economic policy framework; access for our goods and services abroad; an open, fair and predictable set of rules governing trade and investment; and means to ensure that Canadian firms are able to take advantage of promising foreign market opportunities. We also wish to see other countries and regions prosper. By doing so, they will help anchor international stability and make progress towards sustainable development. Prosperity will also allow others to sustain more mature and mutually beneficial economic partnerships with Canada and to be increasingly open to our values.

- **The promotion of global peace as the key to protecting our security** remains a central element of our foreign policy. Stability and security are prerequisites for economic growth and development. However, the threats to security now are more complex than before. A whole range of issues that transcend borders - including mass migration, crime, disease, environment, overpopulation, and underdevelopment - have peace and security implications at the local, regional and, in many cases, the global level.

  Our own security, including our economic security, is increasingly dependent on the security of others. More than ever, the forces of globalization, technological development and the scale of human activity reinforce our fundamental interdependence with the rest of the world. Our well-being and our national interest are inextricably

linked to global developments. As the Special Joint Committee stated: "We will have shared security, shared prosperity and a healthy environment for all or none will have any in the long-term." We need to address security issues in an integrated fashion and draw on all available foreign policy instruments.

- **The projection of Canadian values and culture is important to our success in the world.** The Government agrees with the Special Joint Committee that "Canadian foreign policy should celebrate and promote Canadian culture and learning as an important way of advancing our interests in international affairs."

Application of values - respect for democracy, the rule of law, human rights and the environment - will be critical to the struggle for international security in the face of new threats to stability. Their adoption internationally will also be essential to ensuring that they are viable in our own country. Canada is not an island able to resist a world community that devalued beliefs central to our identity.

Vitality of our culture is also essential to our economic success. In the new knowledge-based world economy, the skills of people, their education, ingenuity and social adaptability, will become key elements of international advantage. Our educational system, cultural diversity and continued dynamic growth in exports of cultural products and services will contribute significantly to our achievement internationally.

The Government intends to pursue these key objectives in the policy framework outlined below. They will be the focus for the full span of the Government's instruments, including the programs of international trade, assistance and diplomacy.

III. THE PROMOTION OF PROSPERITY AND EMPLOYMENT

The United Nations Human Development Index has rated Canada as among those countries with the best quality of life in the world. The protection and enhancement of that standard is a key goal of Canadian foreign policy. As the Special Joint Committee pointed out, Canada's prosperity depends on more than sound domestic economic policies, although these are essential. It depends as well on wider global prosperity and on our ability to take full advantage of the opportunities this presents.

Economic growth and job creation in Canada require a stronger focus on domestic initiatives, including getting our fiscal house in order, so as to encourage investment and the export of competitive goods and services. They also require a healthy, rules-based international economic system.

The system that has evolved since the late 1940s has underpinned productivity growth and improved living standards worldwide. It has also constrained the ability of larger economies to pursue economic policies unilaterally to the detriment of Canada. The system has, on the whole, worked well for us and has demonstrated an impressive capacity to adjust to changing times and pressures. Moreover, Canada has worked hard to protect and promote our interests through the international economic system, a system that we have shaped to a very significant extent.

An Evolving International Context

The Multilateral Trade System is critical to Canada's prosperity.

- Since the late 1940s, the development and defence of a robust, dynamic trading environment has consistently found its natural home in the General Agreement on Tariffs and Trade (GATT) and now in its successor, the WTO. The implementation of the recently-concluded Uruguay Round of multilateral trade negotiations, which, among other things, led to the WTO, was secured in late 1994 when the major world economies and many key developing countries adopted the new balance of rights and obligations in their domestic law.

  The WTO extends international rules much more comprehensively than before. The new rules will now cover trade in goods (including formerly largely excluded sectors such as agriculture as well as textiles and clothing) and services. The new rules also constitute important first steps to underpin fair competition for direct

investments. They provide considerably more effective mechanisms to resolve disputes through the rule of law rather than the exercise of unilateral market power. The new deal will bring improved overall growth prospects for the world economy and for WTO members in particular, whatever the calculus followed in weighing the specific results. Moreover, the new deal already identifies several important areas where WTO members agree that further work must be completed over the next few years.

Growth creates new players in the global economy.

- Canada is one of the major world trading powers, along with its key partners, the US, the EU and Japan, all members with us in the G-7 and the Quadrilateral Group. Our trading, investment and technology relationships are the most intense with these partners and, above all, with the US. They are at the centre of the world economy today. We must continue to ensure that these relations are managed with care.

  Globally, the leading exporters now also include Korea, Taiwan, China, Mexico, Brazil and others. Moreover, economies such as Taiwan, Korea and Hong Kong have emerged as important sources of overseas direct investment. On the other side of the ledger, developing countries attract about one third of foreign direct investment flows, with the bulk directed to the larger countries of Asia and Latin America. These new players compete with Canada for market share and quality investments, while providing increasingly attractive markets for the export of Canadian goods and services. Using all available foreign policy instruments in a coordinated way, we must build relationships with them and with other dynamic developing economies to reflect their current and growing economic importance to us.

Unfinished business remains on the trade policy agenda.

- Despite useful progress made in the establishment of the WTO, the international community still has a considerable distance to travel to adequately discipline the trade and investment distorting subsidization of agricultural production, particularly by the US and the EU. As well, improved disciplines on the use of antidumping measures will continue to be a Canadian priority. These are examples of policy areas where frictions between economies remain because the rule making to date is incomplete.

New trade policy issues in the global economy.

- The gradual reduction of more traditional trade and investment distorting barriers through successful trade negotiations has raised

new questions about the contribution to growth made by a broader range of domestic regulatory regimes in all economies. Moreover, emerging international players share with Canada an interest in seeking improved and more secure market access to the US, the EU and Japan, and like Canada, they attach importance to international rules that adequately discipline pressures for the unilateralism and protectionism found in many economies. There is, therefore, increasing scope for creative partnerships with a wider range of partners.

- The overarching objective of trade and environment discussions is to ensure that the policies that emerge support sustainable development. Governments are faced with the growing need for responsible, balanced solutions related to global commons issues (for example, climate change, ozone layer depletion, straddling fish stocks) and transboundary pollution impacts (such as North American air and water quality issues). In order to facilitate international cooperation in this area, but also to foreclose unilateral action (sometimes with protectionist intent or impact), governments have turned increasingly to the negotiation of international environmental agreements as a key element of sustainable development. Important instruments already negotiated by Canada, bilaterally and multilaterally, relate to ozone depletion, air and water quality, the transboundary movement of hazardous wastes, climate change, biodiversity and desertification. More will be tackled. In addition, governments around the world are increasingly taking action to address domestic environmental problems.

- Another "new" issue is the explosion of private investment abroad over the past 15 years and the increased mobility of investment capital. This calls for balanced rule making, given concerns over potentially anti-competitive practices by individual private sector firms and particularly by large multinational enterprises. We will need to ensure that new rules promote Canadian growth and job creation, and that they work more generally in the interests of small, open economies that need investment.

Directions for Canadian Policy

In light of these considerations, the Government intends to pursue the following priorities related to the international trade and payments system:

Managing our economic relationship with the United States.

- Canada's economic relationship with the United States remains the most complex and substantial among any two countries in the world. Of Canadian exports, 80% are destined to the US, and the

US accounts for 65% of foreign direct investment in Canada. As such, good management of that relationship is our overriding priority. Much of what we do bilaterally, regionally and internationally, relates directly to the management of that special relationship. Careful account must be taken of both the real differences and the considerable similarities between the interests of the two countries. Canada-US relations are based on common values and myriad economic transactions that underpin mutual prosperity. Yet differences of view do arise in such an intense, multifaceted relationship. They are differences between sovereign partners, acting as equals within that relationship.

Consequently, the Government plans to secure and enhance our economic partnership with the US in a variety of ways. We will deepen and broaden NAFTA by negotiating further reductions in trade and investment distorting practices and by expanding NAFTA membership to other countries in the hemisphere, starting with Chile.

More generally, we will continue to work hard to encourage outward-looking and cooperative US economic policies, for example, by advancing trade liberalization in our hemisphere through NAFTA expansion and by encouraging the work now underway on a Free Trade Agreement of the Americas; by intensifying the scope of continental environmental cooperation; by encouraging creative US engagement in the prompt and dynamic launch of the new WTO; and by strengthening the trade and investment links being developed through APEC. Engaging the US constructively on these and other international issues not only assists in managing our bilateral relations where we have differences of view, but also permits both countries to cooperate with greater international impact in the many areas where we have similar policy objectives.

We will accelerate efforts to manage sectoral irritants through an active advocacy program in Washington, D.C., the recruitment of like-minded allies in the various regions of the US and the encouragement of sectoral partnerships between the private sectors of the two countries. Moreover, we will encourage provincial governments and parliamentarians to be more fully involved in this work through a more structured sharing of information and a coordinated design of advocacy programs.

Working towards an open international trading system.

- Multilaterally, we will accord the highest priority to the full and effective implementation of the WTO. Our intra and inter-regional efforts will all have as their objective the reinforcement of the global trading system. We are deeply convinced of the great economic benefits that we, as a nation, have derived from this

system over the past 50 years, a conviction reflected in the fact that the foundation of the WTO was a Canadian proposal that enjoyed all-party support. Canadian vision, based on a broad consensus at home, thus made a major contribution to the way the world will carry out its commerce in the future.

Looking ahead, we will engage actively in addressing new challenges. In part, this requires concluding the supplementary negotiations, already envisaged under the aegis of the WTO, on government procurement and on trade in certain services. As well, we are ready to meet the challenge of moving beyond the current agenda. We will, for example, promote careful analysis, now underway in the WTO, on how to increase the compatibility of international trade and environmental obligations and policies where these overlap and conflict. We will initiate the careful groundwork needed to establish the next round of trade and investment liberalization upon which Canadian prosperity depends. We will also promote work at the Organization for Economic Cooperation and Development (OECD) and the International Labour Organization (ILO) on the relationship between internationally recognized labour standards and the multilateral trading system.

Strengthening economic ties with Europe.

- Our mature trade and economic relations with **Europe** continue to be of great importance. We will ensure that they are supported at the bilateral level, especially with our major partners. However, we will devote particular attention to the EU, which is increasingly exercising jurisdiction in areas of interest to Canada. The Government will review how to build on the results of the recently implemented multilateral trade negotiations to deepen further trade liberalization with the EU. In consultation with the business community, we will carefully explore the possibilities of reducing or eliminating barriers to trade between Europe and North America for the full range of Canadian export interests (particularly agricultural exports), including through a free trade agreement between the EU and NAFTA.

Building relationships in new markets.

- **Asia-Pacific**
    - The Government intends to pursue actively **APEC's** call for freer trade in the Pacific Rim region in the decades ahead, and is prepared to participate in phasing out barriers to trade within APEC. Key economic challenges include the need to liberalize practices that have distorted investment flows across the Pacific,

team Canada

the development of a consensus on the importance of further tariff reductions and the need to intensify technical cooperation in areas as diverse as customs procedures and forestry practices. The Government will build on the "Team Canada" approach that it employed so effectively in Asia last year when the Prime Minister, accompanied by the Minister for International Trade and the Secretary of State for Asia-Pacific, led a group including provincial and business leaders to the region.

- **Latin America**

  - We will devote close attention to **Mexico,** a partner of growing importance to Canada, and to other major **Latin American countries.** Canada and Mexico have much to gain and learn from each other through further cooperation in NAFTA. This relationship holds promise over time in other spheres as well, including close cooperation in a broad range of multilateral institutions such as the UN. Both countries have a common interest in using NAFTA as a vehicle to extend free trade in the hemisphere, commencing with **Chile**, and perhaps moving beyond. The Government is committed to expanding our economic relationship with the region, as highlighted by this year's "Team Canada" visit led by the Prime Minister, accompanied by the Minister for International Trade, the Secretary of State for Latin America-Africa, and business leaders.

Promoting foreign direct investment and rules to control anti-competitive behaviour.

- Canada will seek improved and more transparent international rules governing **foreign direct investment and anti-competitive practices** through a variety of mechanisms, including the negotiation of a new generation of bilateral Foreign Investment Protection Agreements (FIPAs) with developing countries and the economies in transition in Central and Eastern Europe. We will also pursue the development of a Multilateral Investment Agreement through the OECD and the WTO, and through future accessions to NAFTA. In addition, we will encourage greater vigilance toward the possible anti-competitive actions of large multinational firms through agreements promoting active co-operation among competition (anti-trust) authorities.

Developing rules and institutions for the new global financial system.

- The network of **international economic and financial institutions,** centred on the Bretton Woods system, has been central to the management of the world economy, not least by supporting

development efforts around the globe. Like all the post-war institutions, they need to adapt - to radical change over recent years brought about by advances in technology that have revolutionized capital markets; to new challenges of sustainable development; to new balances of international power; and, to the growth of private capital flows and development of the private sector.

Canada's membership in the **G-7** provides a valuable opportunity to influence change in these institutions. The Government will chair Halifax Economic Summit discussions in June 1995 on the reform of international economic institutions such as the International Monetary Fund (IMF), the World Bank, and possibly other institutions. This review must address the evolving roles of these bodies as well as the relationship between them and the numerous agencies related to the UN. Elimination of duplication and competing mandates will also be a major Canadian objective, consistent with our own resource constraints and fiscal strategy. We will pursue these goals in the Economic Summits and in other fora in the years ahead.

The proliferation of new **financial instruments** with complex legal and operating frameworks raises issues relating to the transparency of international exchange and other financial markets, the adequacy of safeguards for customers and systemic issues related to the stability of the international financial system. We will explore with our OECD partners whether the systems that regulate financial markets and institutions domestically should be replicated internationally to strengthen global financial stability.

Ensuring a positive relationship between international rules for the sustainable management of the environment and the economy.

- The Government will urgently promote internationally agreed rules on the sustainable management of **high seas fishing** that include recognition of the special interests of coastal states like Canada and that reflect the devastating impact on hundreds of Atlantic Canadian communities of the current decline of fish stocks. The Government has already announced that we would ratify the UN Convention on the Law of the Sea soon, and is reviewing domestic legislation to bring it into conformity with the provisions of the Convention with a view to proceeding with ratification.

The **forest products industry** is both the largest net contributor to Canada's balance of trade and a major source of employment. Responsible for approximately 20 per cent of world trade in forest products, Canada is an influential player internationally. The environmental role of forests is very significant: forests affect the pace of global warming; are a storehouse for biological diversity;

prevent soil erosion; preserve water quality; and serve a cultural and spiritual role, especially for aboriginal people. Canada, therefore, has a large stake in the long-term health of forests, as do many other countries. Therefore, we will pursue assertively, in close co-operation with a variety of allies, internationally agreed rules on sustainable forest management, ideally embodied in an International Forests Convention. This will assist Canada to ensure and to expand its access to forest product markets, and to better support other, particularly developing, countries, in their efforts to manage their forest resources sustainably.

We will promote regional environmental standards consistent with sustainable development and enhanced competitiveness by actively supporting the implementation of the North American Agreement on Environmental Cooperation. The Government will also implement the recently-approved Environmental Industries Strategy, aimed at increasing these industries' growth rates and exports, while responding to the Government's objective of a clean environment. The Strategy will support Canadian industry, fund new initiatives to develop and commercialize innovative environment technologies, and improve access to domestic and global market opportunities for environmental companies. The Government will also undertake environmental assessments in conformity with the *Canadian Environmental Assessment Act.*

Canada has a particular role in defending and developing the **Arctic environment,** an area where international cooperation is vital and is just beginning. Through enhanced international cooperation and national commitment, demonstrated through our recent appointment of the Ambassador for Circumpolar Affairs, we will seek to slow the process of global climate change and to protect and improve the Arctic environment and the health and livelihoods of the region's inhabitants.

With our partners, we will also explore means of improving international **governance on environmental issues.** The current structure of institutions significantly involved in this field includes the UN Commission on Sustainable Development, the UN Environment Program and other UN agencies, the Global Environment Facility, the World Bank, the IMF, the regional development banks, the WTO and a host of others. The scope for consolidation to improve efficiencies and effectiveness across these organizations will be assessed.

Bringing the developing world into the international economic system.

- Canada's commitment to deepening and widening trade and investment liberalization will also make an important contribution to strengthening the capacity of developing countries to grow through the marketplace.

  Canada will fully implement its undertakings under the Uruguay Round of multilateral trade negotiations to liberalize market access into Canada. This includes measures with regard to the phase-out of the import quota system under the Multi-Fibre Arrangement, the reduction of import duties on goods of interest to many developing countries, and further limits on subsidy practices that distort the trade of many developing and developed countries alike.

  We will actively use our leverage to make further liberalization a major objective in all future trade negotiations in which we are involved, whether in the WTO, through NAFTA accessions or in APEC. We intend to reform Canada's General Preferential Tariff to provide better access to the Canadian market, particularly for the least developed countries, and will press our partners to do the same. We will be mindful of the impact of such action on a number of domestic economic sectors that would be affected.

- **Debt relief** will also assist many developing countries to become greater participants in the world economy. Canada has long pushed for more debt relief in fora such as the G-7 and the Paris Club (the group of major international lender governments) for severely indebted low income countries (SILICs), especially in sub-Saharan Africa. These efforts have recently paid off in the Paris Club, which has agreed to a higher level of debt relief on the whole stock of debt of eligible countries.

International Business Development

The Government has consulted widely with Canadian businesses of all sizes and export experience, and has carefully considered the recommendations of the Special Joint Committee and those of the International Business Development Review, on how best to facilitate the participation of Canadian businesses in the international economy.

Selectivity is especially vital given tight fiscal circumstances. To provide these value-added, focussed services, we will further concentrate our resources abroad. We will scale back domestic operations and, in selected markets, make greater use of locally-engaged staff. Support for trade fairs will be limited to major fairs that are important to particular sectors. There will be less emphasis on

providing commercially available information, and more on the exercise of our international trading rights (pursuant to the WTO and NAFTA, for example) and on state-of-the-art market intelligence gathered through Canadian embassies and consulates abroad.

The Government will work with interested provinces, municipalities, and the private sector on four priorities:

1. **Increasing the participation of Canadian businesses in the international economy.** The Government will continue to work closely with all firms to open doors to foreign governments and to key economic agents. It will target its direct financial trade promotion support on small- and medium-sized enterprises (SMEs). The Program for Export Market Development will be concentrated on firms with sales of less than $10 million or with fewer than 100 employees. We will work with the private sector, the provinces and other government bodies to identify and assist "export ready" companies, and to provide timely, opportunity-specific market intelligence on sectors and markets that offer the greatest growth potential, including service sectors.

   We will work with interested provinces to develop programs and services to help shape businesses' attitudes towards foreign cultures, enabling them to work better in foreign markets. The evolving business environment puts a premium on maximizing human resources with a global, dynamic outlook. The Canadian Foreign Service Institute (CFSI), DFAIT's centre for professional training in international management and policy, will work to expand its programs to other federal government departments, provincial governments and the private sector in order to contribute to this effort to build our international business culture in Canada. We will also work with the Export Development Corporation (EDC) and the commercial banks to improve export finance availability, particularly for SMEs.

2. **Diversifying International Business Markets.** While recognizing the critical importance of the US market for Canadian prosperity, we will also encourage incremental growth in other promising markets by:

   - working with the private sector to help companies build on their success in the US and expand into offshore markets;

   - focussing more resources on **high growth markets** in Asia-Pacific and Latin America and, in Western Europe, targetting our resources on investment, technology and strategic alliances. We will encourage Canadian companies to test the potential of emerging African and Middle Eastern markets, including post-

apartheid South Africa. We will rely more on locally-engaged staff in the US and Western Europe and redeploy Canadian personnel resources to Asia-Pacific and Latin America. New trade offices will be opened in selected countries in these regions, with costs to be financed through a reallocation of resources;

- working to maintain competitive **export finance** and insurance, and foreign investment insurance services on the basis of a financially self-sufficient system with a modest ability to subsidize credits in priority markets in response to subsidies from our major competitors. We will also seek more intense and effective cooperation with Canada's private banking system to reach SMEs and share repayment risks; and

- promoting **Canadian culture and learning** abroad as a way of creating an identifiable image for Canada and its goods and services. We will seek to make better use of Canada's artists and scholars as part of a fundamental re-thinking of the way we promote ourselves and our products abroad. It will be important to continue to develop new export markets for the products and services of our cultural industries. At the same time, we will provide foreign service officers with better tools needed to sell Canada abroad, including Canadian culture and learning.

3. **Attracting International Investment and Assisting Science and Technology.** Sound domestic economic policies will continue to maintain and improve the investment climate in Canada. We will also work hard to achieve greater certainty and predictability in Canada-US trade relations, especially in the area of trade remedy laws. Such predictability will be important to investors wanting to reach the NAFTA market.

   As one instance, the Government will provide company-specific briefs to the chief executive officers and to the boards of directors of international companies located in Canada, making the case for new investments and product mandates for Canada. DFAIT will introduce Canadian SMEs to international investment partners as sources of capital, technologies, management skills and access to markets. We will also develop initiatives to facilitate greater access to and acquisition of international technologies by Canadian firms in cooperation with other organizations, such as the National Research Council (NRC).

   Canada's full participation in the global knowledge-intensive economy is vital. Our science and technology will help us to achieve this goal. To that end, the Government will foster:

- acquisition by industry of the newest best practice technologies;
- awareness by foreign investors of Canadian science and technology capability;
- participation of Canadian business in international research and development alliances; and
- an international framework of rules that allows unfettered access to international technology opportunities.

4. **Building partnerships and a "Team Canada" approach.** The Government will strengthen partnerships and build an international business "team" on three fronts: within the federal government, with the provinces and with the private sector, including both larger firms with export experience and SMEs. The Government will work with interested provinces to ensure export preparation for companies seeking new markets. We have initiated discussions on a strategy that defines roles and responsibilities and seeks to eliminate overlap and duplication and install one-stop shopping for export-related intelligence and services.

   We are working with both government and private sector partners to respond to their priorities, including technology and investment dimensions, both informally and formally, through mechanisms such as the International Trade Business Plan, the International Trade Advisory Committee (ITAC), and the several Sectoral Advisory Groups (SAGITs).

   In 1994, **tourism** was Canada's fifth largest source of export earnings. Recognizing tourism's importance, the Government is committed in this industry as well to a "Team Canada" approach, working with public and private sector partners to promote Canada as a prime international travel destination.

IV. THE PROTECTION OF OUR SECURITY, WITHIN A STABLE GLOBAL FRAMEWORK

Assuring Canada's security remains a fundamental responsibility of government, even as the international context and the security threats it poses have changed. In this new order, the task is much more complex. Canada is ever more affected by what occurs elsewhere in the world. As such, our understanding of the challenges to our security has expanded.

Canadians recognize the vital link between their own security and prosperity and the security of others. Just as Canadians appreciate that prosperity demands the best possible mix of domestic and international economic policies, so too they realize that protecting and enhancing their security and prosperity requires a security policy that promotes peace in every part of the world with which Canada has close economic and political links. For a country with interests as widespread as Canada's, this means that a global approach is needed.

However, the concerns of Canadians about security issues are broader than those of self-interest. The desire to help others to build peace reflects some of the most deeply-held and widely-shared Canadian values. Our security policy must reflect this spirit. Financial constraints do impose choices on us. It is essential, therefore, that we establish clear directions for our security policy.

As the Government's 1994 Defence White Paper pointed out, our memberships in the North Atlantic Treaty Organization (NATO) and the North American Aerospace Defence (NORAD) Agreement remain key guarantees of our military security. Though today, direct threats to Canada's territory are diminished, the Government considers it necessary to maintain a military capability appropriate to this still uncertain and evolving international environment. However we are making adjustments within that capability to enhance our ability to contain conflict.

Protecting our security must go beyond military preparedness. New approaches, new instruments, new institutional roles and political responsibilities in the maintenance of international security must be developed. Movement will continue away from security policies and structures based on containment toward new architectures designed to build stability and cooperation. Canada will be at the forefront of those helping to shape a broader framework that responds to the demands of a changing security environment.

Security: the Basis for Action

Shared human security: a broader concept of security.

Serious long term challenges are posed by environmental, demographic, health and development issues around the globe. Some of these challenges - such as global warming - could affect us directly. Others may provoke crises producing humanitarian tragedies, epidemics, mass migrations, and other problems from which, even if half a world away, Canada will not be immune. Still others may result in the adoption abroad of policies that ultimately degrade our economic security by undercutting labour, health, environmental or other international standards. All of this demands a broadening of the focus of security policy from its narrow orientation of managing state-to-state relationships, to one that recognizes the importance of the individual and society for our shared security.

Meeting the challenges that this broader security agenda poses means, as the National Forum on Canada's International Relations concluded, working for the promotion of democracy and good governance, of human rights and the rule of law, and of prosperity through sustainable development. Canadian foreign policy will continue to pursue these goals.

There is consensus that such a broader orientation can best be achieved - at least cost, and to best effect - through approaches that broaden the response to security issues beyond military options and focus on promoting international cooperation, building stability and on preventing conflict. The Government will advance this objective through a more integrated approach, marshalling all our foreign policy instruments.

Because of the transnational or global nature of the threats, human security demands cooperative international action. Canada will continue to work with others in a variety of fora to address these issues.

Sustainable development: a precondition for human security.

The Special Joint Committee, and the many witnesses appearing before it, recognized that Canadian international development assistance is more than an expression of Canadians' values - of our sense of justice, and of our desire to help. They saw that it also plays a critical role in addressing many of the key issues that now head the global security agenda. Problems such as environmental degradation and growing disparities between rich and poor affect human security around the world and are areas where Canada can make an effective contribution by promoting sustainable development through its

program of development cooperation. The International Development Research Centre also makes a notable contribution through its efforts to foster progressive change in developing countries and its focus on sustainable development.

Preventing conflict and peacebuilding are essential goals.

As set out in Chapter VI, Canada's International Assistance programs are dedicated, in significant measure, to forestalling these threats to global security.

The evidence is sadly clear, however, that development assistance is not enough to forestall conflict. Where stability does break down, and armed conflict looms, the international community must use all measures at its disposal, including a graduated set of diplomatic and military steps, broadly conceived and co-operatively executed, to prevent a slide into war.

Preventive diplomacy is most frequently conducted by multilateral institutions such as the UN, but can also be undertaken regionally or bilaterally. Canada, in co-operation with key partners at the UN and elsewhere, will focus on practical measures that hold prospects of success.

Regional security organizations can lead in this field, not least through confidence-building measures. We will be working to expand the capacity of regional organizations, such as the Organization for Security and Cooperation in Europe (OSCE), the OAS and the OAU, to carry out such preventive diplomacy in the future.

Peacebuilding, the process of reinforcing efforts to build peace through economic and institutional rehabilitation, is critical to sustaining the efforts of local populations and of the international community to resolve conflicts. Canada's international assistance program will foster peacebuilding through technical assistance to strengthen the capacity of societies emerging from conflict to meet the needs and aspirations of their populations. In addition, the commitment to addressing individual security needs through the UN system will be a priority. This was reflected in the Government's approach to the 1994 International Conference on Population and Development in Cairo, and will continue at the World Summit on Social Development in Copenhagen and at the Fourth World Conference on Women in Beijing.

Instruments for Building Security

Conflict management at the global level: our commitment to the United Nations.

- The UN continues to be the key vehicle for pursuing Canada's global security objectives. Canada can best move forward its global security priorities by working with other member states. The success of the UN is fundamental, therefore, to Canada's future security.

But the UN must be more effective.

- We want the UN to be fully capable of dealing with the array of new global security issues. That is why we are putting so much effort into making the Organization work better. To this end, at the General Assembly in September 1994, Canada pledged to work to:

  - strengthen the UN's capacity for preventive action;
  - conduct an in-depth review of the UN's economic and social activities to reflect a broader definition of global security;
  - strengthen the UN's rapid reaction capability;
  - improve the functioning of the UN's decision making bodies; and
  - put the UN on a sound financial basis.

  Success in these efforts will make an essential contribution both to the short- and long-term effectiveness of the Organization.

- With a view to improving the effectiveness and efficiency of the UN and to reducing duplication in activities, Canada intends to undertake, and will encourage other countries to do likewise, a full review of the Organization and related agencies. The results of this review will assist in decisions regarding future contribution levels.

Reinforcing the UN.

- **Strengthening the peace function:** We intend to press for improvements in the means of implementing UN peacekeeping and peace enforcement decisions in a timely and effective way. Serious shortcomings in UN capabilities in this regard have been highlighted by slow and hesitant decision-making in the UN that delayed deployment of personnel at the outset of UN involvement in Somalia in 1992, and again in Rwanda in the spring of 1994 when urgent reinforcement of the UN's presence on the ground could not be achieved in time to forestall massive loss of life. The

UN's inability to respond quickly on the ground to such crises suggests the need for drastically improved rapid reaction capability. Intermediate solutions, such as those developed by the UN Standby Forces Project, have so far yielded only limited improvements.

Canada is leading, therefore, a ground-breaking study of options for a UN rapid reaction capability.

This study on how the UN can intervene most effectively in fast-breaking crises will be available in time for the UN's fiftieth anniversary during the next General Assembly session. Its conclusions on short-, medium- and long-term options will be offered to the UN membership for further action.

- **Canadian expertise at international service**: We will continue to offer the broad range of Canadian expertise upon which the UN and other international organizations have learned they can rely. A list of eminent Canadians has been submitted to the Secretary-General for use in preventive diplomacy missions. Our military personnel will continue, within our means, to be available at international headquarters and in the field to support and direct multilateral peace operations. Our internationally praised police will continue to be called upon to participate in, and to sometimes lead, critical monitoring and training operations, such as in Haiti today. Many Canadian civilians will continue working around the globe in support of peace at the service of the UN, Canada, international organizations and NGOs.

- **Training:** With UN peace operations' mandates ever-more complex and dangerous, training of participating personnel is essential. Many countries new to these operations offer personnel but require training that cannot be arranged at home. By virtue of its unrivalled experience in peacekeeping, Canada is well placed to provide this training for international personnel, civilian and military alike, at the new Government-supported Lester B. Pearson Peacekeeping Centre in Cornwallis, Nova Scotia.

- **Helping the UN to share the burden:** Given the number of conflicts world- wide and the UN's limited resources, partners need to be found to help the UN carry the burden of peacekeeping and peace enforcement. In Bosnia, the UN had to rely on NATO to support its objectives and operations. This partnership is an important one, given the need for the UN and regional organizations to cooperate with each other to make best use of their respective strengths and capabilities. Nevertheless, differences in the command and control procedures of the two organizations, and even in their institutional cultures, have at times produced strains between them. We intend to encourage clearer definition and

acceptance of the appropriate roles of the UN and of regional bodies such as NATO in relation to peacekeeping missions.

We will also be working to expand the capacity of other regional organizations, such as the OAU, and possibly sub-regional bodies, to relieve some of the pressure on the UN. We will seek to build on the comparative advantages of these organizations at a time when the UN is seriously over-stretched.

Regional security: Canada is fully engaged.

- **Western Hemisphere**

  - **United States:** Our defence relationship with the US is key for the security of Canadians. Canada's longstanding cooperation with the US through the Permanent Joint Board on Defence and NORAD has enabled us to share the security burden for North America at a significantly lower cost and with more effectiveness than Canada could achieve on its own. We look forward to working with the US towards the renewal of the NORAD Agreement, which expires in 1996.

  - **Arctic:** The focus in the Canadian Arctic is increasingly on non-traditional security threats. Canada's recent appointment of an Ambassador for Circumpolar Affairs will increase the focus on such threats. Our goal is to create an Arctic Council to meet the challenge of sustainable development in the North and to deal with the critical issues faced by all Arctic countries.

  - **Latin America and the Caribbean:** Canada's growing interests in Latin America and the Caribbean argue for greater priority to the region's stability within Canadian security policy. We are encouraged by the spread of democracy, the increased emphasis on balanced economic development, and the ongoing trend to reform the OAS. Canada intends to make a significant contribution to regional approaches to security in our hemisphere. Our focus will be on promoting the development of frameworks, from fact-finding to negotiation, to enable countries to deal bilaterally and regionally with potential security problems. We will work to strengthen the capacity of the OAS to address security issues.

- **Europe**

  - **Continuing engagement:** European stability continues to be a major priority. Although threats to it are in flux, too much binds the peoples on the two sides of the Atlantic for our commitment to waver. We share most closely a set of values. Our economic,

cultural and human links continue to be intense and vibrant; our engagement in the international system is based on shared objectives. The constancy of our commitment is firm, as attested to by our contributions to NATO, the OSCE, and to UN peacekeeping within the European continent. The Government will pursue this relationship, including through high-level meetings with the European Union Presidency. We will, as well, continue to devote priority attention to key transatlantic bilateral relationships, as we have done with France, Germany, Italy and the United Kingdom over the past year.

- **NATO:** NATO remains critical to maintaining stability at a time of fundamental change in Europe. However, it will have to evolve. The threat it was built to meet has receded, while new challenges have emerged, such as those in the former Yugoslavia. To meet those challenges, Canada will press for an evolution in NATO's vocation and membership, while seeking to allay current Russian concerns over NATO expansion.

- **OSCE:** This organization deserves attention and effort from Canada, in part because it engages Europe - and particularly Russia - in security discussions with a broader focus than military cooperation alone. The OSCE still needs to prove its capacity to help provide stability in the region, and will only do so if all its members give it priority as a pan-European institution. Canada will continue to contribute to building up this organization for regional cooperation, for example, by contributing a planning unit to the proposed OSCE peacekeeping force in Nagorno-Karabakh.

- **Central and Eastern Europe:** The emergence of the new democracies of Central and Eastern Europe will continue to be a focus of concern for Canadians, many of whom have links to the region. We will contribute to European security through our membership in the European Bank for Reconstruction and Development and through the Program of Assistance to Central and Eastern Europe, a uniquely Canadian approach to helping build pluralism, free media, the rule of law, good governance, respect for human rights and free markets and environmentally sound practices in the new and fragile democracies that rose from the ruins of the Soviet empire.

- **Asia-Pacific**

  - **Challenges and progress:** There are serious security challenges in the region including unresolved border disputes, human rights abuses, an increase in weapons acquisitions, ecological

degradation, population growth, and narcotics trafficking. Our security interests are reflected in both a new institution - the ASEAN (Association of South-East Asian Nations) Regional Forum (ARF) - and in more diverse governmental and non-governmental vehicles. We are also expanding our political and security dialogue with Japan, South Korea and ASEAN countries, and promoting the integration within the region of Vietnam and China.

- **Middle East**

  - **More peaceful, but tensions remain:** Despite progress in recent years towards a resolution of the Arab/Israeli conflict, the Middle East remains one of the world's major security fault lines. It is also an area that carries serious risks of proliferation of weapons of mass destruction. Multilaterally, the region is critical to the UN's security agenda.

    Our focus in the Middle East will be on encouraging, facilitating and developing confidence-building regimes that can advance the cause of peace and development in the region. Our participation in the multilateral phase of the Middle East Peace Process, particularly our lead role in the Working Group on Refugees, provides us with an opportunity to serve the cause of peace and underscore our longstanding commitment to regional stability and progress.

- **Africa**

  - **Building a framework for peace:** While progress has been made towards political and economic reform in Africa, much of the continent continues to be marked by instability and conflict. For institutions such as the OAU, even where the political will exists, a lack of resources often poses problems. The road to stable, representative, democratic governments will be a long one for many countries, and the international community will have to give attention to the most effective mix of policy instruments to influence change.

    As part of this effort, Canadian policy will focus on working with key African countries to develop international and regional frameworks that can anticipate and prevent conflict, and on addressing those factors such as environmental degradation, population growth and poverty that undermine common security on the continent. We are also promoting greater respect for human rights and for democracy through organizations such as the Francophonie and the Commonwealth.

Nuclear non-proliferation and arms control are more important than ever.

- **Nuclear Weapons**

  - **Nuclear weapons still threaten us:** The disposal of nuclear weapons in the former Soviet Union and nuclear proliferation threats elsewhere, notably North Korea, South Asia and the Middle East, will continue to preoccupy the international community, and will require concerted efforts to prevent new sources of potentially catastrophic conflict. The threat of criminal or terrorist organizations coming into possession of nuclear materials, either through sale or theft, is a growing concern that must be addressed.

  - **Nuclear Non-Proliferation Treaty (NPT):** Our highest priority is to secure international agreement to indefinitely and unconditionally extend the NPT, the most effective international instrument for stopping nuclear proliferation. As part of this effort, we are committed to strengthening the capacity of the International Atomic Energy Agency to effectively safeguard civilian nuclear systems.

    There has been highly unfortunate North-South polarization in the NPT extension debate, based in part on the argument of some that the Treaty benefits "haves" at the expense of "have-nots." Canada will continue to emphasize that the Treaty creates security. All win: the security gains of one party are not the losses of another. We will continue to reach out to all parties, encouraging moderation and pragmatism in the review of Treaty implementation and extension, while pressing for continued nuclear disarmament.

- **Other Weapons of Mass Destruction**

  - **Chemical and biological weapons:** Effective, coordinated international action will also be required to counter the proliferation of chemical and biological weapons of mass destruction. The current international treaties in these areas are helpful, but more research on verification systems is required. Canada is working with other countries to develop effective measures on verification. We will also work to curb exports of weapons and delivery systems of mass destruction and of the materials to build them.

- **Conventional Weapons**

  - **Strengthening controls:** A pressing problem is the excessive accumulation of conventional armaments by many states. The widespread and indiscriminate use of landmines, with attendant horrors for innocent civilians, is a serious challenge, especially in insurgencies. We are working with other countries to strengthen the relevant international convention. We continue to attach great importance to the UN Conventional Arms Registry, and will press other UN member states to make use of it. Canadian leadership in this area is demonstrated by our controls on the export of military goods, which are among the most restrictive of Western countries. These controls deny export permits when, among other reasons, the goods are destined to a country where they may be used to abuse human rights or where there are actual or imminent hostilities. We are also studying ways that conventional weapons proliferation can be addressed more effectively by the international community.

- **Arms and Development**

  - **Encouraging more productive spending:** The Government is concerned over the continued imbalance in much of the developing world between spending on armaments and spending on human development, and will continue to use all means at our disposal to promote the call in the UN Charter's Article 26 for "the least diversion for armaments of the world's human and economic resources," especially in developing countries where scarce resources are so urgently needed to relieve suffering and to promote employment and growth. In particular, Canada will seek concerted action with others to influence governments which spend large sums on arms rather than on education and housing for their people. To that end, the Government will offer support for demobilization of military personnel, as well as training for civilian roles such as police activities, in order to assist societies which are committed to reducing military spending and reconstructing civil society.

V. PROJECTING CANADIAN VALUES AND CULTURE

Canadian values, and their projection abroad, are key to the achievement of prosperity within Canada and to the protection of global security.

Canadians hold deeply that we must pursue our values internationally. They want to promote them for their own sake, but they also understand that our values and rights will not be safeguarded if they are not enshrined throughout the international environment. Canada is not an island: if the rights of people abroad are not protected, Canadians will ultimately feel the effects at home. They understand that our economic and security interests are served by the widest possible respect for the environment, human rights, participatory government, free markets and the rule of law. Where these are observed, there is a greater prospect of stability and prosperity - where they are not, of uncertainty and poverty. Their observance, therefore, is both an end in itself and a means to achieving other priority objectives.

Universal respect for human rights is in Canada's interest.

- A priority field of international concern and action for Canadians has been and remains that of **human rights.** The Government regards respect for human rights not only as a fundamental value, but also as a crucial element in the development of stable, democratic and prosperous societies at peace with each other. From the drafting of the Universal Declaration of Human Rights to that of the recently concluded Convention on the Rights of the Child, we have been in the vanguard of those fighting for international consensus to uphold human freedoms and dignity. We are rightly associated internationally with the promotion of the rights of women and children, and with attention to their role in the economy. Human rights will continue to be a priority for Canada's International Assistance programs. In this regard, the Government applauds the excellent work around the world of Canada's International Centre For Human Rights and Democratic Development.

  Historically, closed societies have recorded the worst human rights abuses. In contrast, human rights tend to be best protected by those societies that are open - to trade, financial flows, population movements, information and ideas about freedom and human dignity. Fortunately, as borders become more porous, no society can isolate itself from intense scrutiny any longer. Conversely, no single partner can alone isolate any other.

Bearing these lessons in mind, we will make effective use of all of the influence that our economic, trading and development assistance relationships give us to promote respect for human rights.

An effective human rights policy requires us to make use of positive levers of influence as well as the various forms of sanctions at our disposal. With China, for example, we are developing systematic and wide-ranging contacts. Our goal is to open that country to the values Canadians espouse even as it opens up to the world economy.

In most cases, effectiveness will best be served through the exertion of our own influence together with that of others, through multilateral fora and through close coordination with other like-minded countries. For example, Canada helped to move the international community on the human rights situation in Rwanda in 1994 by calling a special meeting of the UN Commission on Human Rights.

We will also seek to enhance the role of the newly appointed UN High Commissioner for Human Rights. Our successful efforts to establish war crimes tribunals for Rwanda and the former Yugoslavia sought to ensure that justice is done. These tribunals are now getting under way. We will persevere with our objective of establishing a permanent criminal court for the prosecution of crimes against humanity and similar offenses, an objective we now believe to be within reach.

Democracy promotes stability and prosperity.

- Democratic tradition has been fundamental to Canadian values and underpins our prosperity. We believe that **participatory government** should be allowed to work for others as well. Firmly rooted, it will promote stability within and among countries. One of the ways we have supported democracy is by helping design, organize and monitor elections all over the globe through multilateral organizations such as the UN, the OAS, the Commonwealth and the Francophonie. The expertise of Elections Canada has been placed at the service of the international community and is now regarded as a unique asset around the world. Canadian election monitors are a familiar sight the world over, from South Africa to Cambodia, from Mozambique to El Salvador.

  But the Government recognizes that elections alone are not sufficient for democracy to take root in a society. It is also vital to encourage the development of a democratic culture and civil society

- one that is pluralistic and participatory, that allows for the expression of diverse views and that offers its members the opportunities and resources to participate in the life of their community and country. Essential is a **legal and institutional** framework, which includes the rule of law, an independent judiciary, honest and open government, respect for human rights and the subordination of military force to civil authority.

Our support for the restoration of democracy in Haiti reflects the need to work on a number of fronts. We have sought to consolidate emerging new democracies through dialogue and, in many instances, through technical, legal and other forms of assistance. This is currently the case in Haiti, whose new police force Canadians are helping to train. The Government will give priority to supporting democracy the world over in coming years.

The international system must be ruled by law not power.

- The rule of law is the essence of civilized behaviour both within and among nations. Clearly defined rules allow us to plan commitments and activities with reasonable certainty that our expectations about the surrounding environment will not be upset by arbitrary and erratic changes. Perhaps even more importantly, agreed rules help to diminish the capacity of those with the greatest raw influence to bend society - and the international community - to their own ends. Rule-making helps to redress power imbalances.

  Canada will remain in the forefront of those countries working to expand the rule of law internationally. We will work to ensure greater **market-based fairness** in the trading system through clearly defined, transparent rules governing trade and investment liberalization. We remain committed to developing new frameworks and rules to address emerging fields of economic activity and concern. Rules-based regimes of arms control and conflict resolution are key priorities for the Government. To reinforce the ability of our peacekeepers and the UN to do their job in dangerous situations, Canada recently chaired UN negotiations that led to a new international agreement on the protection of peacekeepers and other UN personnel. In all of these ways, the Government is determined to build on Canada's proud tradition of rule-making in the international arena.

Sustainable development.

- Increasingly, a central component of the Canadian value system, **sustainable development,** is a matter of both common security and good economics. Environmentalists, development specialists and

trade economists share a common interest in promoting efficiency. More efficient production reduces the drain on scarce resources such as raw materials and energy, and limits the demands placed on the regenerative capacity of the environment.

Efficient use of land, labour and capital is also at the heart of development efforts to combat poverty and satisfy human needs. Allowing the most efficient producers to provide the world with its goods and services is the principal rationale for an open trading system. We will ensure that Canadian foreign policy promotes sustainable development globally through the careful and responsible balancing of trade, development and environmental considerations.

Culture and education are vital to our success.

Sir Wilfrid Laurier said in 1877 that the only way to defend one's ideas and principles is to make them known. That statement is a good illustration of the Government's strong desire to actively promote and defend, on the international scene, the interests and values that Canadians hold dear.

The Special Joint Committee rightly underscores the importance for Canada of promoting its culture abroad:

- First, in the short term, the economic activity generated by cultural, scientific and educational activities is extremely important for Canada's economy. Canada's cultural industries have experienced unprecedented growth in the past ten years, and provide employment to hundreds of thousands of Canadians, mainly through exports. Canada also excels in the field of higher education: 60,000 foreign students have chosen our colleges and universities at which to study or to perfect their skills. The presence of foreign students in Canada, and the export of our skills in this field, yield economic benefits on the order of $2.5 billion. In the next five years, the Government will establish a network of up to ten educational centres in the Asia-Pacific region to promote Canadian educational institutions.

- Second, in the medium- and long-term, a country that does not project a clearly defined image of what it is and what it represents, is doomed to anonymity on the international scene. Only Canadian culture can express the uniqueness of our country, which is bilingual, multicultural, and deeply influenced by its Aboriginal roots, the North, the oceans, and its own vastness. As John Ralston Saul stated in his study submitted to the Special Joint Committee: "Canadian culture is the vision of a northern people who, despite substantial and constant

difficulties, found a way to live together while other nations tore themselves apart and imposed monolithic, centralized mythologies on themselves."

Cultural affairs are a pillar of Canadian foreign policy.

Cultural affairs, in addition to politics and the economy, are one of the pillars of our foreign policy.

- Canadians want to highlight their achievements internationally and to contribute to cultural exchanges and dialogue. The Government is studying very closely the recommendations of the Special Joint Committee with regard to further developing strategy to encourage creative processes and to improve the production and distribution of Canadian cultural products at home and abroad. This is also true for educational activities and industries.

  Strategy will have to evolve with the full co-operation of the provinces, certain private organizations and, above all, Canadian artists and creators, to promote their access to foreign markets and publics. In short, we want to recognize the role played by artists and creators in disseminating Canadian values and diversity throughout the world, and to build a genuine partnership with them.

- The Government has already reversed a decision of the previous government to close the cultural services of some of our missions abroad. Cultural Services in Paris have been reorganized and now offer a dynamic showcase of Canadian cultural activities that is making a name for itself throughout Europe and the Francophonie.

  Nevertheless, the Government is very conscious of the limits of its financial resources in this sector, as in others. Budgetary constraints oblige us to be particularly prudent with public funds. We will, therefore, have to work together with all of our partners in Canada to publicize our cultural assets abroad, and to promote our cultural industries and educational services. We will also implement the Government`s strategy in this field as means become available to do so.

  The Government recognizes the key importance of international higher education. We will work closely with the provinces, the private sector, universities, colleges and all interested stakeholders, to promote Canadian institutions of higher education to foreign students and to encourage the mobility of Canadian students through exchange programs and otherwise. This will help our students to develop a global perspective and to build networks of the decision-makers of tomorrow.

Our expertise in the communications field is among the best in the world. At the Conference on Security and Cooperation in Europe (CSCE) Summit in Budapest in December 1994, the Prime Minister repeated Canada's offer to help the new democracies in Europe strengthen free media in a context of democracy and respect for human rights. Canada is already working to this end with a number of Eastern European countries on a bilateral basis.

On a multilateral basis, Canadian participation in the international television network TV5 represents an exceptional showcase for our francophone televisual productions. In addition, it projects daily a Canadian presence to millions of homes on five continents.

The celebration of Canadian culture and the promotion of Canadian cultural and educational industries, so that they can continue to compete at home and abroad, are central tenets of Canadian policy. The announcement in December 1994 of measures of support for Canadian artists and for our magazine industry underlines the Government's commitment in this regard. The Government is convinced that we can and should manage our international economic relationships so that Canadian cultural industries are effectively supported. We will remain vigilant in protecting and promoting the capacity of our important cultural industries to flourish in the global environment.

VI. INTERNATIONAL ASSISTANCE

The Government had indicated that it would review International Assistance in the context of its broader foreign policy review. The purposes of the program and the manner of its delivery have been reassessed to ensure that it serves clear and identifiable national objectives, and that, in an era of increasing fiscal constraints, the scarce resources dedicated to it are managed with maximum efficiency. This determination is in line with that expressed by Canadians.

As the earlier sections of this Statement indicate, International Assistance is a vital instrument for the achievement of the three key objectives being pursued by the Government. It is an investment in **prosperity and employment.** It connects the Canadian economy to some of the world's fastest growing markets - the markets of the developing world. And, in the long-run, development cooperation can help lift developing countries out of poverty. This means that it contributes to a stronger global economy in which Canadians, and other peoples, can grow and prosper. International Assistance also contributes to **global security** by tackling many key threats to human security, such as the abuse of human rights, disease, environmental degradation, population growth and the widening gap between rich and poor. Finally, it is one of the clearest international expressions of **Canadian values and culture** - of Canadians' desire to help the less fortunate and of their strong sense of social justice - and an effective means of sharing these values with the rest of the world.

Canada's Official Development Assistance (ODA) Program

An effective development assistance program begins with the recognition that development is a complex process and that many conditions must be met before it takes permanent root. Individuals must have equitable access to basic social services, to productive assets and to employment opportunities. Women must be able to participate fully and equally in development. Respect for human rights is essential, as are a healthy civil society and political systems that inspire confidence and trust. The basic infrastructure that underpins society must be in place, along with policies that promote sustainable economic growth with equity. And, in today's interdependent world, a society's long-term prosperity depends increasingly on access to international markets and finance. Finally, development does not last if it is not environmentally sustainable.

The growing diversity of the developing world adds to this complexity. Approaches to development must take into account widely varying developing country needs and capabilities. Several developing countries have achieved remarkable rates of economic growth and are

becoming important trading partners for Canada. Yet, even in these countries, large numbers have not shared in this progress and continue to live in poverty. Considerable challenges also remain in such areas as human rights and the environment. Other developing countries, especially in Africa, have seen the hard-won gains of previous decades slip away. And, increasingly, developing countries, like all others, find their future being shaped by global trends and issues, which can only be addressed successfully through international cooperation.

Given this complexity, an effective program of development cooperation - one that promotes sustainable development - must address environmental, economic, political and social issues in an integrated way, and must take cultural realities into account.

Development must be flexible, to allow Canada to work in a number of crucial areas with the most appropriate mix of policies and programs. It must also be targetted to those issues that have the most impact on development and where we can match our strengths to developing country needs.

A sound development program must be people centred, with a focus on human development - on building capacity, which means helping women, men and children in developing countries, their communities and institutions, to acquire the skills and resources needed to sustain their own social and economic progress. An emphasis on poverty is vital - one that recognizes that there is no single approach to poverty reduction and that our efforts to help the poor must rely on an array of programs and policies working together in an integrated fashion. Finally, an effective development program must involve activities at the local, institutional and policy levels and must be built on a wide range of partnerships, at home and abroad, to bring together the best possible combination of expertise and skills. Canadian partners include NGOs, the private sector, universities and colleges, youth, professional organizations and federal, provincial and municipal governments, all of whom have long played a key role in Canada's development program. Canada also works with a number of international organizations and institutions and, most importantly, with the people and institutions of the developing world.

Canada's ODA policies should also work together with other aspects of our broader foreign and domestic policies to forge a consistent approach to developing countries and to contribute to common goals. The broader global context must also be considered. It is clear that development assistance is just one part of a larger effort - one that involves the resources of developing countries themselves and other factors, such as international trade and investment.

The following policy framework sets out four key commitments for Canada's ODA program, which have been developed in keeping with the constraints on the Government's resources. They are:

- a clear mandate and set of priorities;
- strengthened development partnerships;
- improved effectiveness; and
- better reporting of results to Canadians.

A clear mandate for Canadian ODA.

The purpose of Canada's ODA is to support sustainable development in developing countries, in order to reduce poverty and to contribute to a more secure, equitable and prosperous world.

To achieve this purpose, Canadian ODA will concentrate available resources on the following six program priorities:

Basic human needs: to support efforts to provide primary health care, basic education, family planning, nutrition, water and sanitation, and shelter. Canada will continue to respond to emergencies with humanitarian assistance. Canada will commit 25% of its ODA to basic human needs as a means of enhancing its focus on addressing the security of the individual.

Women in development: to support the full participation of women as equal partners in the sustainable development of their societies.

Infrastructure services: to help developing countries to deliver environmentally-sound infrastructure services, with an emphasis on poorer groups and on capacity building.

Human rights, democracy, good governance: to increase respect for human rights, including children's rights; to promote democracy and better governance; and to strengthen both civil society and the security of the individual.

Private sector development: to promote sustained and equitable economic growth by supporting private sector development in developing countries.

The environment: to help developing countries to protect their environment and to contribute to addressing global and regional environmental issues.

Canadian ODA will support the purpose and program priorities set out above in key countries in Africa, Asia and the Americas. Within these programming priorities, ODA will be expanded in sectors important to both Canada and the developing countries, such as agriculture, forestry and fisheries.

Recognizing the importance of ODA, the Government remains committed to improving its effectiveness and to making progress towards the ODA target of 0.7% of GNP when Canada's fiscal situation allows it.

Canada will continue to provide most of its ODA to low-income countries. Africa will continue to receive the highest share of resources in keeping with the immense challenges facing that continent. Programming there will be firmly rooted in individual countries but support for regional initiatives will grow as they assume greater importance.

The assistance program will also reflect the growing importance to Canada of our relations with our own hemisphere and will help countries in Latin America and the Caribbean to achieve sustainable development. Similarly, programs in the Asia-Pacific region will reinforce broader Canadian efforts to foster long-term relationships and help countries address key developmental issues.

A commitment to strengthening partnerships

A wide range of development partners in Canada, along with a large number of international organizations and, most importantly, the people and institutions of developing countries, play a vital role in the development of policy and in the planning and delivery of Canada's ODA. Their contribution is essential to providing the range of expertise, knowledge and resources required to meet the many diverse challenges of international development.

Canadian partners are a key source of the skills, know-how and technology that are needed to promote sustainable development. International institutions and organizations are crucial to the establishment of a rules-based global governance system. Many of the most pressing challenges facing national governments - in developed and developing countries - are global in scope and can be addressed successfully only through concerted action in international fora and through groupings of states and organizations. Partnerships with developing countries are vital; most of the resources invested in development come from them.

Canadian youth can assist in building these partnerships, especially at the grassroots level. The Government will encourage our young people

to help out in the developing world, both to enable them to gain rich experience through international cooperation, and to assist those countries where the talent and energy of Canadian youth can make a difference.

The Government is committed to strengthening these partnerships and, to do so, undertakes the following commitments:

In consultation with Canadian partners the Government will:

- sharpen the development focus of private sector linkage programs, including the Canadian International Development Agency - INC (CIDA-INC), while ensuring greater coordination among DFAIT, CIDA, the EDC and other departments and agencies by holding regular project-by-project consultations on CIDA-INC activities;
- develop a framework for a renewed relationship between CIDA and Canadian voluntary organizations based on the principle of complementarity of action;
- expand the number and range of personnel exchanges between CIDA and its Canadian partners, especially NGOs;
- seek ways to ensure the effective participation of Canada's academic and professional communities in development assistance programs; and
- improve coordination among government departments at the federal, provincial and municipal levels.

With international partners the Government will promote reform that helps to:

- better integrate objectives such as respect for human rights, poverty reduction, social and gender equity, and environment into the work of multilateral institutions;
- improve coordination among multilateral institutions;
- increase accountability and transparency; and
- improve developmental and cost effectiveness.

With developing country partners the Government will:

- work with developing countries and their people to help them participate more fully in the international system and global economy; and

- establish new ways to build longer-term linkages between Canadians and developing country partners to enhance their self reliance.

Improving effectiveness.

Canadians support international development; however, in a time of fiscal restraint, they are concerned that their investment in development cooperation achieves the best results possible and that Canada's ODA programs are as effective as they can be. To meet these concerns, the Government will take a number of steps to improve CIDA's operational efficiency. These steps, which will be part of CIDA's contribution to Government cost-cutting, will include the continued streamlining of the Agency's project approval and delivery process and measures to improve the cost-effectiveness of its administrative services.

The Government will work to strengthen **program coherence** among the foreign policy instruments pertaining to developing countries and to ensure that development programs and policies within countries and regions work together in a complementary way.

The Government is committed to **focussing** our efforts on a limited number of countries, while maintaining programs in other countries through low-cost, administratively-simple delivery mechanisms. We will also seek to build the capacity of developing countries to address a range of policy matters, such as human rights, including the rights of children, the environment, democratization, and the status of women.

Guidelines for Effective Programming will be adopted. These guidelines, which are based on the lessons of more than 40 years of development experience, will help to ensure that programming is based on:

- ***Developing country needs and participation:*** by responding to the needs and priorities of developing country partners and placing a strong emphasis on local participation and ownership in all stages of programming.

- ***Knowledge of the context:*** by basing program design on a thorough knowledge of local conditions and by drawing on the lessons learned, in order to inform policies and ongoing programming.

- ***Promoting self-sustaining activities:*** by focussing on achieving results that will continue to provide benefits to local citizens and sustain local support after Canadian support ends;

- ***Coordination with others:*** by working with developing country governments and institutions, international organizations and development agencies to coordinate efforts more effectively.
- ***Drawing on Canadian capacity:*** by strengthening cooperation with Canadians to ensure that Canadian know-how is put to work for the benefit of developing countries in activities where Canada has a clear comparative advantage.

Support for Central and Eastern Europe.

Canada will also maintain an active program of assistance to Central and Eastern Europe and to the former Soviet Union, while ensuring that the program is not funded at the expense of ODA priorities.

There is much at stake for Canada in this region, which continues to undergo transition: first and foremost, international security demands stability in an area that still contains powerful nuclear arsenals while the social, economic and political structures essential to peaceful transformation remain fragile. Moreover, the firm establishment of prosperous market economies and their integration into the global economy will open important trade and investment opportunities for Canada and the world.

The program will continue to respond to rapidly changing regional circumstances and Canadian interests. For it to do so, the Government will continue to rely on partnerships among the Canadian private sector, business and trade associations, NGOs, academics, ethnic communities and all levels of government. Federal funds act as a catalyst, leveraging significant project contributions from Canadian and recipient country partners.

To maximize the program's effectiveness in changing conditions, a reorganization of roles between DFAIT, which now administers it, and CIDA, will be undertaken. Policy direction will remain with DFAIT while program delivery will be transferred to CIDA. This new function for CIDA corresponds well with the activities it conducts elsewhere in the world. There will be close coordination between the two organizations over the continued development and execution of the program.

Demonstrating results.

Canadians want to be sure that their aid dollars are being used effectively, that their help is making a difference in the lives of people benefitting from Canadian assistance by increasing their self-reliance. The Government shares this concern and is committed to improving the effectiveness of Canada's International Assistance and to demonstrating its results to Canadians.

To do so, we will first ensure that results can be demonstrated by establishing clear objectives for programs and projects and by specifying realistic results that are linked to program priorities. We will improve the reporting of results to Parliament and to the public, in part through revisions to the Main Estimates - submitted annually to Parliament - to make them clearer and more results-based. The Government will also share more widely the results of evaluations and lessons learned to better inform the public, as well as Canadian, multilateral and bilateral partners, and to improve development programming. We will strengthen consultations with bilateral partners and continue support for programs which build development awareness and provide Canadians with information on Canada's development activities.

International Assistance is a vital instrument of Canadian foreign policy. It promotes prosperity and employment, protects global security and projects Canadian values and culture.

VII. THE PATH AHEAD

The Government is thus pledged to develop Canadian foreign policy based on its commitment to promoting prosperity, protecting security and projecting our values in the context of a rapidly evolving world, against the backdrop of tight resources.

The continued participation and support of Canadians will be critical to our success.

A more consultative foreign policy process.

Carrying forward this consultative approach to foreign policy formulation, we will create and reinforce the instruments and institutions we need to ensure that the voice of Canadians can be heard:

- The Government will conduct annually a National Forum on Canada's International Relations. In the future, each Forum meeting will consider a specific issue proposed by the Government in order to develop policy recommendations. The next Forum will be convened in Toronto in the spring of 1995.
- Based on the model of its regular consultations with the business community through the ITAC and SAGIT processes and with partners in the NGO/human rights community, the Government will expand and institutionalize this process by establishing a series of active consultations with other groups and individuals interested in the international dimensions of economic relations, development and political affairs.
- The Government has also decided to establish a new mechanism within DFAIT for foreign policy consultation, research and outreach that will bring together government practitioners, parliamentarians, experts and citizens.

A larger role for Parliament.

The work of the Special Joint Parliamentary Committee, culminating in its impressive report of November 15, 1994, has proved an inspiration in reconfirming the central role that the Government wishes to see Parliament play in foreign policy formulation.

- We recommend that informal consultations be held in the future on major foreign policy issues between Ministers and the relevant Parliamentary Committees.
- As well, the Government will turn to the House of Commons Standing Committee on Foreign Affairs and International Trade and

to the Senate Committee on Foreign Affairs to involve Canadians in providing the Government with advice on updating the directions of our foreign policy.

- The Government intends to continue the practice we began of holding parliamentary debates on major foreign policy issues.

The importance of broader partnerships.

- The Government also intends to work in close partnership with provincial and other levels of government in formulating policy in areas of interest to them.
- The Government will draw on expert opinion in developing and adjusting foreign policy to a much greater extent than ever before.

The Foreign Service will adapt to new objectives and constraints.

The Canadian Foreign Service is at the front lines in the management of our international relations. It will respond with flexibility, at home and abroad, to shifting priorities in line with our key objectives. It will have to make choices and deploy its efforts where they are most needed, applying the three objectives established for Canadian foreign policy in this Statement. The Foreign Service will engage in continuous learning to increase our productivity and effectiveness.

Resource constraints now and for the foreseeable future require the Foreign Service to function with greater economy in all of its operations. Scarce resources, human and financial, will need to be allocated carefully. This will require constant reappraisal of policy and operational priorities and improving skills of personnel.

- The Foreign Service will rely even more on new technologies in communications and information processing. Through the application of such technologies, larger missions are able to operate less expensively and mini-missions are feasible, making a Canadian presence possible wherever it is required in the world.
- Similarly, streamlined administrative practices, compatible with high standards of accountability, will allow smaller missions and offices abroad to function with reduced administrative staff. Significant savings will be registered in foreign operations through greater reliance on foreign nationals employed in positions previously occupied by Canadian staff.
- As a further measure to reduce expense, and where it is possible to do so in a manner that fully respects Canadian interests, co-location of our operations abroad with the missions of like-minded countries will be encouraged. Co-location with Australia has already begun at certain missions.

- The Service will place a high priority on continuous learning in order to effectively master the skills and knowledge necessary in a rapidly changing environment.

- Global media coverage and computer data bases have changed the needs served by political, economic and trade reporting from many missions abroad. Instead, more time and effort is being devoted to securing access to decision-makers, negotiating, representing varied Canadian interests, and pursuing new approaches to promoting Canadian trade, investment and technology interests.

- Resources devoted to international business promotion will also be deployed flexibly and focussed on markets where they are best used, as indicated earlier in this Statement.

The purpose of these and other changes will be to provide for more economical foreign operations with the least adverse impact on effectiveness. That said, reduced resources will inevitably bring a diminution in services. We will target our efforts on the most important of those services that the Foreign Service provides.

Changes in both the domestic and international environments also demand that new approaches be adopted to the management of key issues. The range of new challenges to international stability and security demand more focussed attention.

- DFAIT will provide leadership in helping to ensure the greatest possible coherence and synergy over the full range of the Government's international activities in order to ensure that we are effective in pursuing our key objectives. To this end, DFAIT and CIDA will establish a committee, chaired by the Deputy Minister of Foreign Affairs, to oversee systematic policy coordination between the two organizations. They will work in a more integrated fashion to ensure greater coherence in policy, operational and management terms. Where warranted, operations of the two will be rationalized to provide common services in the interests of greater economy and coherence.

- In pursuit of that broad objective, the Department will also establish the Bureau for Global Issues under an Assistant Deputy Minister who will also be responsible for international cultural relations. This new office will be specifically designed to help bring greater coherence to the Government's capacity to address internationally such issues as the global environment, population growth, international migration (including refugee issues), international crime, human rights, democratization, preventive diplomacy and post-conflict peacebuilding.

Looking Ahead

We are entering a new phase in international relations and Canadian foreign policy. We face many challenges, but we are building from a foundation of strength. We have strong values, strong institutions, strong traditions and a committed and knowledgeable public.

Canadians have every reason to be optimistic as to their future. The Government is confident that Canada will continue to do its fair share for the world, and that the community of nations will continue to look to Canada for our unique contribution to global governance.